MW01104410

COLLECTION POÉSIE

JEAN TARDIEU

Le fleuve caché

POÉSIES 1938-1961

Accents
le Témoin invisible
Jours pétrifiés
Monsieur Monsieur
Une voix sans personne
Histoires obscures

PRÉFACE
DE G. E. CLANCIER

GALLIMARD

© *Éditions Gallimard.*

1939 renouvelé en 1966, pour Accents,
1943, pour Le témoin invisible,
1947, pour Jours pétrifiés,
1951, pour Monsieur Monsieur,
1954, pour Une voix sans personne,
1961, pour Histoires obscures,
1968, pour la préface.

PRÉFACE

*A la capture, au rapt, à la fascination ou à l'affir-
mation qui caractérisent le rapport du poème au lecteur
pour l'œuvre d'autres poètes qui sont ses pairs, Jean
Tardieu substitue l'aveu, la retenue, le signe dont la
discrétion ne fait que rendre plus éperdu l'appel si
l'on sait enfin percevoir celui-ci. L'œuvre de Tardieu
s'impose donc en lenteur, en douceur, par toutes les
nuances merveilleusement sensibles, émouvantes et
savantes, fraîches et raffinées, qui fondent l'originalité
de cette poésie tour à tour confiante et tragique, tendre et
solennelle, subtile et cocasse. Elle semble l'aboutisse-
ment d'une parfaite civilisation du langage plutôt
qu'une réponse obsessionnelle à une obsédante ques-
tion.*

Ce n'est point qu'on n'entende pas *et qu'on* ne réponde
pas *souvent dans les poèmes de Jean Tardieu. Tout
au contraire. Mais le ton des questions et des réponses
varie si leur message demeure le même. Autrement dit,
la voix est faite ici des possibilités mêmes de ses méta-
morphoses. Analogues aux transpositions qu'un musi-
cien fait subir à ses thèmes, ou aux modulations qu'un*

7

peintre confère à ses couleurs, les études de voix per-
mettent à Jean Tardieu, dans ses poèmes comme dans
ses pièces, de dépersonnaliser, par pudeur, par courage,
par peur aussi — et dans ce cas pour tenter de conjurer
le sort — une angoisse et une joie qui lui sont, comme à
nous tous, consubtantielles. Tantôt il semble que ce
soit la sérénité légère d'un jeu qui mène le poète à suivre
puis à quitter telle ou telle pente de sa voix; tantôt
l'on croit déceler une fondamentale incertitude sur soi-
même et le monde dans cette vocation de la variation.
Au vrai, cette attention passionnée à l'espace de la
musique, au chant de la peinture, est façon indirecte
mais essentielle d'atteindre la poésie, comme si le plus
court chemin du poète au poème était non pas la ligne
droite, mais la courbe qui passe par les autres langages
sacrés, par la gamme sonore ou lumineuse, par le
dialogue dramatique, et au terme de cette courbe le
poète se retrouve tel qu'en poème enfin une « langue
inconnue » l'a changé.

C'est par un effort de tout l'être pour s'abstraire de
soi, c'est en épousant la respiration, les méthodes de
son frère le musicien, le regard de son frère le peintre,
c'est en feignant de traiter ce langage qui est la chair
de son âme comme s'il lui était suffisamment étranger
pour qu'il pût le soumettre à l'art de l'étude, aux méta-
morphoses concertées de la matière sonore ou picturale,
que le poète émettra le souffle le plus secret, le plus
secrètement essentiel qui soit, modulé selon les murmures
de l'élégie ou les sourires de l'humour, mais toujours,
sous les jeux de la subtilité, chargé d'une intense émo-
tion.

Car c'est avec quelques mots d'avance récusés qu'il
faut rendre tangible le mystère inquiétant, merveilleux

8

de la vie toute creusée d'absence[1]. *Comment alors parler, sinon par une interrogation où la gratitude est inséparable de l'angoisse, le doute de l'affirmation, la question de la promesse? Que sera l'œuvre, sinon une mémoire de ce qui étant passé ne cesse d'advenir? Dans cet univers qui oscille sans fin de la cruauté à la joie, de l'extase à la blessure — et si fines, si rapides ces oscillations qu'elles seront à la limite à peine perceptibles — comment ne pas se sentir à la fois concerné et exclus? Interroger, s'interroger, seule réponse de la poésie à elle-même, de l'inconnu à l'inconnu, entre vertige et grâce, terreur et sagesse:*

Est-ce pour moi ce jour ces tremblantes prairies...

. . . .

De quelle vie et de quel monde ont-ils parlé?...

Pour Jean Tardieu, chaque poème est un théâtre sans emphase où se joue en des mots de silence, toujours le même et seul drame d'être et de n'être pas au monde, et le théâtre un poème qui passe du silence du souffle à la dramaturgie des voix. Cette double imbrication du poème-théâtre et du théâtre-poème se trouve par exemple confirmée par la musicalité que Tardieu sait préserver dans les dialogues en apparence les plus quotidiens *de ses pièces aussi bien que par l'intrusion du langage parlé dans le chant du poème. L'inventeur d'*un mot pour un autre *sait admirablement dire sans dire,*

1. « La poésie de Jean Tardieu est une poésie de négatif où n'apparaît que ce qui disparaît... » remarque pertinemment M. Yvon Belaval (cf. « Poèmes d'aujourd'hui » édit. Gallimard, 1964), et Mme Émilie Noulet, auteur d'un excellent essai sur Jean Tardieu (édit. Seghers, 1964), note de même : « Silence plein, sens étouffé, ce sont peut-être les deux pôles de l'œuvre de Jean Tardieu. »

puisque la poésie tend au silence par la parole comme la vie incertaine à l'absolu de la mort. Il s'agit de s'efforcer passionnément d'amener au jour, d'amener au verbe ce qui, en nous, voudrait avec une telle force obstinée et condamnée s'élever jusqu'à la lumière, jusqu'au langage, mais demeurera, imminent et captif, au seuil nocturne et muet. L'ennui avec les mots, c'est que trop aisément ils feignent de signifier : en conséquence ils trahissent la profonde rumeur que le poète les charge de tirer vers la plage claire, vers la page blanche. Il faut alors ruser avec eux: autant qu'Orphée le poète est Ulysse; Tardieu ne l'ignore pas qui détourne les vocables de leur sens immédiat ou les situe dans une syntaxe insolite, ou encore les dénude, soit en les isolant des autres termes, leurs compagnons habituels, soit en leur donnant des voisins inaccoutumés.

Ainsi, ce qui dans le langage parlé naît du caractère instinctif, quasi charnel de l'expression: les répétitions — ces temps forts — les élisions de mots — cette pudeur ou cette évidence — devient ici musique savante et raffinée, greffée, semble-t-il, sur le jaillissement du langage non contrôlé. C'est marier insidieusement, non sans danger, non sans volupté, le familier et le rare, et n'est-ce donc pas enfanter un chant ambigu, où tout est piège, où l'innocence cache l'énigme, où le sacré s'achève en bégaiement? N'est-ce pas encore convenir que toute langue demeure étrange et étrangère à notre condition, qui est celle la plupart du temps d'un étranger en un étrange lieu?

« Un chant secret mais non triste », un chant interdit puisqu'il se heurte à « des lèvres scellées », (et faut-il entendre par là que finalement le vétable chant ne sort pas du poète et du poème, ou bien qu'il demeure sans écho puisque les lèvres qui pourraient lui répondre sont

*scellées?) telle est, selon l'auteur même, son œuvre.
Le secret du chant c'est celui du poète prisonnier de
lui-même comme l'est Narcisse, mais c'est aussi notre
propre secret, frères que nous sommes du Narcisse qui
chante dans ses étroites limites, qui chante ses limites,
frères à un point tel que nous nous confondons, ou
qu'il se confond avec nous.*

> C'est moi c'est nous et les heures
> le ciel la rue et le vent
> chacun chacun comme nous
> regarde entend et s'étonne

*Tantôt le poète (l'homme) s'exalte, se voit presque
victorieux au faîte de sa parole, sauvé et salvateur,
tantôt il retombe doutant de son pouvoir, des mots, de la
poésie, voué au malheur qu'il tente en vain de trans-
cender.*

> Recouvert de douleur
> tu ris tu chantes faux
>
> En vain tu t'évertues :
> nul ne s'y laisse prendre.

*Et sans doute n'atteint-il jamais davantage à une
poésie évidente, directe, tragique et chargée pourtant
d'une grâce mystérieuse que lorsqu'il approche ainsi
des aveux du désastre.*

> Par la nuit et par le soleil
> condamné sans preuve et sans tort
> aux murs de mon étroit espace
> je tourne au fond de mon sommeil
> désolé comme l'espérance
> innocent comme le remords.

La poésie est cette chance, insuffisante mais splendide, qui renoue l'être avec la communion cosmique de l'enfance; par delà la séparation de l'âge d'homme, elle est un écho de cette voix déjà entendue dans l'enfance, qui elle-même apparaissait comme le retour d'une voix antérieure et parfaite. Mais les résurgences de la voix souveraine laissent entre elles des intervalles de vide, d'absence ou de chaos; faute d'un appel central pour le structurer, l'être se défait, se désarticule dans l'existence, dans l'absurde. Alors, le poète déserté entend s'éveiller en lui des « marionnettes cruelles et batailleuses (...) avec une voix de fausset ». Cette voix fausse et querelleuse est comme la caricature, comme l'ombre ridicule de la Voix absente, de même que les marionnettes sont les doubles grotesques de l'homme.

Si un tel jeu, douloureux et risible, peut ainsi s'instaurer entre l'homme et son double moqueur, entre la Voix perdue, retrouvée, perdue encore et les voix qui profitent de son éclipse pour la narguer, pour lui dénier elles qui ne sont que néant, agitation stérile, la possibilité d'avoir été et d'être de nouveau, que restera-t-il au poète, sinon à se taire s'il ne veut pas commettre le sacrilège de s'imiter soi-même, d'ériger la rhétorique à la place de la poésie? Pourtant hors du silence et de la rhétorique il est une autre issue: celle d'une anti-poésie au sein de la poésie, d'un humour qui de la négation mortelle s'élèvera à la contestation vivante, celle encore d'une totalité où plénitude et vide seront englobés, l'un ne ruinant ou n'effaçant jamais l'autre, mais au contraire l'exaltant par le contraste et la menace. En attendant le moment où la Voix de jadis de nouveau comblera l'être, où un poème sera le témoignage de cette plénitude, un chant peut encore s'élever, discontinu, morcelé, à l'image de la vie fragmentaire, contradictoire. Il semble bien que des poèmes anciens de Jean Tardieu à ses poèmes récents, le mouvement aille ainsi de l'être se concevant comme aspiration à l'éternité au passager qui se sait éphémère, cependant que, concomitantes à cette chute, se précipitent les montées de l'angoisse à travers le langage, à travers son refus du lyrisme, sa recherche des tournures, des mots de la banalité, ses « Dialogues à voix basse » ou ses « Histoires obscures ». D'ailleurs, le flux de l'angoisse envahira l'Histoire elle-même, les monstres ne règneront plus de l'intérieur mais dans la réalité. Et quand l'Histoire enfin verra s'écarter sa figure de cauchemar, celle-ci restera marquée dans nos consciences. L'horreur a été trop grande, le monde en a gardé un arrière-goût de crime. Il faudra toute la cocasserie, tout l'humour « au carrefour du Burlesque et du Lyrique » de « Monsieur Monsieur » pour tenter de dissiper cette insupportable nausée. Puisque les jours ne sont qu'échec, frayeur, torture, que règnent alors sans vergogne sur la scène abandonnée par l'hymne de naguère les « marionnettes cruelles et batailleuses » si pareilles à l'inoubliable « môme néant ».

> Pourquoi qu'a dit rin?
> Pourquoi qu'a fait rin?
> Pourquoi qu'a pense à rin?
> — A'xiste pas.

Dans un monde en ruines le langage lui-même ne peut être que cassé, cassant; la parodie du chant, voilà le dérisoire royaume où peut se lover, en se disloquant pour y trouver place, la poésie. Certes la jovialité, l'esprit d'enfance, une tenace joie demeurent, comme malgré lui, au cœur du poète, et son humour n'aura pas

13

que le noir du deuil: il accueillera aussi l'acidité du vert, l'indulgence du rose. Ce ne sont là pourtant qu'accidents heureux: les pouvoirs, les enchantements, les métamorphoses de la poésie deviennent impuissance, désenchantement, quiproquos grotesques. De même « Le Témoin Invisible », solennel et mystérieux d'autrefois, devient le bizarre et touchant « Monsieur Monsieur » que nous accompagnons dans ses voyages, aux bains de mer, chez lui, dans ses difficultés, et pour finir au « Tombeau de Monsieur Monsieur », cet écho parodique au « Tombeau de Hölderlin », le plus beau sans doute des poèmes de la plénitude lyrique où le poète proclame, en deçà de la diversité future de ses voix, son allégeance au verbe d'un âge d'or révolu ou futur ou, qui sait, étranger au temps.

Mais des tombeaux les dieux ressuscitent, de même la poésie. Parfois un cri sacré, une profération solennelle brisent cette musique égale qui est comme l'ombre, le reflux ou l'attente des poèmes sacrés et qui peut tenir lieu des préparatifs puis des échos d'une fête ou d'un supplice, d'une fête glorieuse et tragique. L'innocent et le condamné — c'est le même — traversent maints poèmes de Jean Tardieu avec un cortège de remords et de pardons. Qu'importent le crime ou l'angoisse, la solitude ou l'espoir, l'effroi ou l'amour? Ils échangent leurs promesses et leurs menaces dans le tissu pur, simple et majestueux des vers, ils font entendre une même mélodie d'une extrême justesse. Peut-être faut-il remonter à la fois à Charles Cros et à Nerval, pour retrouver une telle plénitude de la nuit dans le jour, du songe dans la vie.

Georges-Emmanuel Clancier.

... Toute ma vie est marquée par l'image de ces fleuves, cachés ou perdus au pied des montagnes. Comme eux, l'aspect des choses plonge et se joue entre la présence et l'absence. Tout ce que je touche a sa moitié de pierre et sa moitié d'écume.

J. T.

Accents

(1932-1938)

Il n'est sans doute pas d'habitant de villes qui ne soit, à quelque moment de sa misérable journée, obsédé par l'encombrement de tout ce que ses yeux, ses mains, ses pas rencontrent. Par extension, ce qui fut nommé l'espace lui apparaît partout atrocement divisé en *logements*, je veux dire en objets contigus enfermés les uns dans les autres, à l'infini...

Pour résister à ce foisonnement des choses au sein d'elles-mêmes qui s'obstine à nous étouffer, deux seuls partis semblent convenables : ou bien peser de tout son poids corporel sur les fragments de matière qui nous heurtent, les briser, convertir l'un en un autre, modifier leur forme et leur destination (ainsi travaillent le physicien, le statuaire, le forgeron); ou bien imaginer, à l'écart de la raison, un lieu sans point ni ligne, un espace en dehors de l'espace, où l'on verse pêle-mêle toutes les choses, où elles se réduisent instantanément à rien, fondent, disparaissent, effaçant du même coup le spectateur et l'innombrable figuration du spectacle.

Délivré, cet esprit sans personne respire quelque temps et se fraye une route à travers tout. Mais bientôt ce fleuve d'ignorance lui-même se change en une menace, en un ennemi exclu des formes, en un pressentiment grave, égal et continu, dénoncé seulement par le lourd soupir de regret qu'il soulève en nous. C'est alors que les choses apparaissent de nouveau aux environs, avec des gestes de tendresse et de mélancolie et que la terre nous réconforte en offrant un sol dur et divisible à nos inutiles compas.

Cette angoisse en forme de cycle trouve son plus parfait apaisement dans l'acte de composer un poème : les mots, choses semblables aux choses, passent, aussitôt formée l'image qu'ils révèlent; le rythme qui les apporte abolit à son tour les images et la gangue de toute signification logique, s'il contente par ses temps forts le désir de solidité, et par ses flottements l'appel vers une disparition générale.

...Mais le plus souvent, je cherche à triompher d'une peur sans nom, en m'efforçant d'imiter la voix même de l'Ennemi. Le poème se prête sans fin à cette poursuite d'un accent. Quand je crois m'en être approché davantage, l'inquiétude se dissipe. C'est moi qui parle : IL est volé.

LE CITADIN

LES LOGEMENTS

Ce qu'on entend à travers les plafonds,
ce qui vient des étages profonds
n'élève pas, ne baisse pas le ton :
gravement, les paroles bourdonnent,
le feutre tombe sur la bouche qui chantait
sur l'eau qui dans les cuisines coulait
sur tout ce qui se délivre et résonne.

Terrons-nous dans ces antres de laine
enveloppons notre rire et nos cris :
il ne faut pas que le jour nous entraîne
vers les lieux où le monde bondit !

L'APPARITION

L'homme avançait à petits pas
puis il tourna la poignée de la porte
(le cuivre du bouton ne brillait pas
car la lumière était éteinte ou morte),

entra sans heurt, s'approcha de mon lit
et, d'une voix que je connais, me dit :
« Que fais-tu donc? Dors-tu? Es-tu parti,
« j'entends avec un rêve, loin d'ici?
« J'arrive à temps pour empêcher ta fuite.
« Refuse encor ces images sans suite
« crains leur désordre et leurs fausses clartés;
« moi je te dis de ne pas t'en aller.

« Pense d'abord à ta chambre, à la forme
« de la maison, à tes rideaux tirés,
« à tant de gens autour de toi qui dorment :
« comment, comment pourrais-tu t'évader?

« Rappelle-toi que tu as travaillé
« tout aujourd'hui. Pourquoi? Pour te loger
« pour acheter de quoi boire et manger.

« Tu es ici gisant dans ta journée.
« As-tu bien mis de l'ordre en tout cela?
« As-tu compris tout ce qui se passa
« ce qui fut dit, ce qui te menaça?
« As-tu compté les heures et l'argent?
« As-tu rangé ton étroit logement?
« (Il te faudra, dans cet encombrement,
« atteindre, après la table, la fenêtre
« et te mouvoir quand le jour va paraître!)

« Allóns! Tu peux dormir jusqu'au matin.
« Je te permets d'évoquer la fumée
« l'espace ouvert entre les cheminées
« ou le soleil vu à travers les mains.
« — Je reviendrai t'accompagner demain. »

Moi qui feignais de dormir, j'entendis
qu'il soupirait. Puis, pour lui-même, il ajouta :
« Demain, nous parlerons d'autres soucis! »
Enfin, hochant la tête, il s'éloigna.

Il est là chaque soir, et sa voix
n'en dit pas plus sur le monde et sur moi.

LES DANGERS DE LA MÉMOIRE

Ils s'assemblent souvent, pour lutter
contre des souvenirs très tenaces.
Chacun dans un fauteuil prend place
et ils se mettent à raconter.

Les accidents paraissent les premiers
puis l'amour, puis les sordides regrets
enfin les espérances mal éteintes.
Toutes ces images sont peintes
au mur, entre les fleurs du papier.

Ils pensent ainsi s'habituer
aux poisons que leur mémoire transporte.
— Moi cependant, derrière la porte,
je vois le PRÉSENT fuir avec ses secrets.

L'ALERTE

Pâle de peur dans sa chambre, il voyait
que la porte fermée frissonnait.
Une main au-dehors tourmentait par moment la
  poignée
mais n'ouvrait pas! Et des voix courroucées
dans le corridor résonnaient.

« C'est de moi, — pensait-il —, que l'on parle ici!...
« Qui m'accuse? Qui me cherche? Qui me suit?
« Quel crime ai-je connu ou commis?
« Qu'ai-je oublié, ou perdu?... Ah!... la porte
« s'ouvre!... »
           Mais non. Les voix, les pas qui les empor-
                    tent
s'éloignent sur les parquets tremblants.

Il s'agissait de lui (ou d'un autre) pourtant!...

LA SÉCURITÉ

Les craquements des meubles ne pouvant
suffire à l'occuper le long du temps
(car depuis toujours il attend
ce qui ne doit jamais paraître)
il s'assit près de la fenêtre
comme un homme qui veut méditer
et, sans objet, commença de compter.

Mais en entrant dans le nombre un million
huit cent soixante-quatre mille,
il s'arrêta et, poussant un soupir profond,
contempla les toits de la ville.

HEURE DE PRÉSENCE

Nous cherchons au bord d'une eau louche
l'éclatement d'un soleil clandestin.
Les désirs assouvis sont jetés aux souches
çà et là sous le jour incertain.

Peut-être est-ce un bureau ou une prairie
chargée de débris et de reliefs
ou encore un fauteuil couvert d'affreuses broderies?

Quelqu'un siffle en tout cas
et l'autre lui répond.
Un mince rayon fuit du sol au plafond.
C'est le moment de rire et de casser la vie
à tout petits coups de talon.

LE CITADIN

Avancez! Reculez! Arrêtez! — Des ordres
chuchotés haletants à l'oreille. Obéis!
(Capitaines cachés dans la faim et la soif)
Fuis! Montre-toi! Un salut!
Signe, tais-toi, réponds, prends garde!

Que d'ordres venus de partout!
Le soleil? — La main sur les yeux!
La pluie? — Courbe le dos!
L'amour qui arrive? — Attention!
Et ces morts en travers du chemin tout à coup!

Chocs et contretemps de la ville
et de la vie, je suis tranquille
seulement si mon souffle et mon pas vous ressemblent.

L'instable est mon repos.

Nous étions assemblés près du môle
que battait l'invisible ouragan.
Cette nuit nous semblait conspirer avec nous;
pleine d'or dérobé, elle était comme un coffre
résonnant de conseils.
« Travaillons! », dit ma voix. Mille voix répondirent :
« Où es-tu? » — « Près de vous » — « Sois nommé
« notre chef! »
— Et nos voix, comme un feu dans les branches,
aussitôt — richement — s'accrochèrent
et nos mains se serraient et comptaient
fébriles comme un nuage d'oiseaux.

Tout à coup, vacilla, divisant l'air et l'eau,
un léger souffle blanc de lumière
qui bientôt — en courant — vint vers nous
et passa sur notre ombre, étendu, déchiré, puis flottant
avec le doux tremblement de l'aube... « Adieu donc! »,
Murmura le dernier d'entre nous. Ils partaient!
J'étais seul quand le jour apparut.
Je n'ai vu qu'un visage : la vague.

Ils se sont rassemblés loin de moi
pour parler dans leur langue inconnue
et j'attends.

FÊTE MANQUÉE

Nous approchons. Nous voilà. Nous sommes.
Un silence affreux nous a permis
d'accrocher furtivement le nom des hommes
à tout ce qui fait semblant d'être endormi.

Partout dans un lieu vague, pour une funèbre fête,
les arbres sont affublés d'oriflammes salies,
haillons portant des signes connus seulement de nous
et les rochers roulent jusqu'à nous sur la tête.

Vous voilà. Vous êtes seuls. Vous êtes maîtres.
J'entends vos clameurs, j'entends l'enclume.
Je vois l'ombre et le jour apparaître
sur une autre forêt, tours de terre qui fument.

Mais chaque nuit la planète fait un bond
étrange, avec tous ses habitants
et les foules rassemblées dans leur sommeil
se lèvent, se pressent autour d'un seul rêve :
invitées en habit à la solennité
de voir passer un ASTRE inconnu, merveilleux,
qui écoute et comprend,

31

elles sont venues trop tard et, désespérées, elles se
    taisent :
il n'est même plus temps pour LUI dire adieu!

Le témoin invisible

(1940-1942)

LE TÉMOIN INVISIBLE

Dans les conseils amicaux où les yeux
rapprochés croient tenir des figures certaines,
un être toujours là toujours absent s'efforce en vain
d'apparaître et, rageur en deçà, ne se tait
que pour mieux affirmer sa présence, tantôt
furieuse, tantôt tendre avec un seul sanglot
pitoyable, tantôt prête à m'emporter vivant
là où le sol tremble sous l'immobile
piétinement des mortelles statues.

Inconnu pressenti, l'ennemi multiple par les feuilles
frémit, d'orages se tord et de pluie
n'en peut plus, tant il pleure et de croire
à sa forme hésitante au bord du jour
gémit et d'être absent malgré tant de figures!

Communiqué au sang de mes veines, ce gouffre,
gosier brûlant d'une seule Personne,
presque uni à tout masque et pourtant sans un seul
qu'il puisse enfin, jaloux de surgir, épouser,
m'arrache à pleines dents mes songes pour nourrir
une faim de désert par ses sables trompé.

Toujours quelqu'un d'absent! Même la solitude
creuse en vain les parois de puits et de cellules
amères, où le bruit ne tombe que glacé
et, déchirée aux angles des échos,
n'entend plus que le dur grondement de la terre
à mille pas plus haut sous les sabots sonnant.

Je tremble de céder mon nom à cette foule
fragile comme un peuple frêle de fumées
par la racine au centre incandescent cousues
et d'oublier la clé de la coutume d'être,
sans avoir jamais pu Lui-même Le nommer.

PERSONNE

Souvent je fuis les traits familiers
du monde étroit qui nous est assigné
et hors des mains des grands meubles je passe
du songe épais de ma solidité
à l'autre rêve à celui de l'espace,
tremblant de froid sans mon identité.
Je sors je sors par une porte basse,
déjà la nuit a changé de clarté.
Tandis qu'Un tel qui est moi, sur sa couche
durcit en paix dans son cercueil de corps,
je ne sais plus qui parle par ma bouche
je ne sais plus quel nom je porte encor,
mais j'ai les yeux les mains et les oreilles
d'un voyageur qui serait revenu

et tout à coup un noir frisson m'éveille
entre les murs d'un quartier jamais vu.
Un pas qui n'était pas le mien m'emporte,
je traverse une foule de passants
et me voici dans l'ombre d'une porte
où souffle un formidable coup de vent.
Quelle trombe! Quel ouragan! Tout tremble

si fort que l'univers se désunit
et que ma vie aussi se désassemble
et que bientôt rien ne me reste, ni
ce dur regard qui aimait tant les flammes
ni ces deux mains qui aimaient tant tenir
ni ces deux pieds qui aimaient tant partir
ni ce grand corps amoureux de son âme.
Ah! dans un tel exil comment dirai-je
quelle est la fin de ce long sortilège?
Je suis sans voix je n'ai plus de langage,
plus de bateau pour un si long voyage!
L'œil fixe, je me tais, en attendant
d'apprendre enfin la langue du néant.

JUSTICE INCONNUE

Toujours dans l'autre chambre elle résonne,
cette voix basse à travers la cloison ;
elle juge, condamne, — et puis pardonne
un crime étrange aux profondes raisons.

Je ne sais pas si c'est moi le coupable,
je ne sais pas si la voix porte un nom.

LE CARREFOUR

Quand donc restai-je seul, sur quelle place
où le vent près de moi passa si vite
que je ne pus reconnaître sa voix
ni prendre au vol les mots qu'il emportait?

Là, c'était là dans un temps près de naître
par ma mémoire avec peine arraché
aux chocs mortels des jours discontinus,
c'était bien là qu'autrefois ou demain
s'ouvre au regard et pèse dans la main
le vrai silence élu, la nuit finale
communiquée aux pierres par les ombres.

LA PEUR DU RÊVE

Heureux qui, par le claquement des portes,
par la présence d'une lampe ou le murmure
des voix qu'un corridor connu emporte,
par le frisson des volets mal fermés,
par un reflet sur un meuble, conjure
un affreux rêve à sa perte acharné!

Pour lui, le cher défaut des choses tremble
si doucement, l'appelle et le rappelle!
Tous les objets qu'il touche lui ressemblent.
« C'est moi c'est moi » se dit-il en riant.
Le rêve alors, cogné aux murs, chancelle
et de l'autre côté rampe en sifflant.

« Enfin! Voici les choses qui sont pures
« et sans regret de ce qui n'est pas elles!
« Moi-même ainsi je tiens comme une armure
« au fond du temps, contre tout défendu,
« comme un fragment d'une pierre immortelle
« où jamais songe ou spectre n'a mordu. »

Mais ô malheur si c'est encore un rêve
que d'atterrir aux instants sans idée,

si tout rivage en écume s'achève,
si le regard est un chemin perdu
et si ton cœur sous tes mains effrayées
bat pour lui seul dans un monde inconnu!

LES JOURS

Dans une ville noire entraînée par le temps
(toute maison d'avance au fil des jours s'écroule)
je rentrais, je sortais avec toutes mes ombres.
Mille soleïls montaient comme du fond d'un fleuve,
mille autres descendaient, colorant les hauts murs;
je poursuivais des mains sur le bord des balcons;
des formes pâlissaient (la lumière est sur elles)
ou tombaient dans l'oubli (les rayons ont tourné).
Les jours, les jours... Qui donc soupire et qui m'appelle,
pour quelle fête ou quel supplice ou quel pardon?

LES DIEUX ÉTOUFFÉS

Opacité des murs, silence
tombé sur d'obscures clameurs,
temps où sombre la patience,
soleil de plomb sur la douleur
et les ténèbres de soi-même,
formes de fer, masques de feu,
rochers refermés sur les dieux
ruisselants de pluie et de pleurs,
ouvrez, ouvrez à qui les aime,
ouvrez vos portes dont je meurs!

FEINTES NÉCESSAIRES

J'appuie et creuse en pensant aux ombres,
je passe et rêve en pensant au roc :

Fidèle au bord des eaux volages
j'aime oublier sur un sol éternel.

Je suis changeant sous les fixes étoiles
mais sous les jours multiples je suis un.

Ce que je tiens me vient de la flamme,
ce qui me fuit se fait pierre et silence.

Je dors pour endormir le jour. Je veille
la nuit, comme un feu sous la cendre...

Ma différence est ma nécessité !
Qui que tu sois, terre ou ciel, je m'oppose,

car je pourchasse un ennemi rebelle
ruse pour ruse et feinte pour feinte !

O châtiment de tant de combats,
O seul abîme ouvert à ma prudence :

44

Vais-je mourir sans avoir tué l'Autre
qui règne et se tait dans ses profondeurs?

OMBRE

Frange d'invisible,
tremblant de secrets,
l'absent qui te prie
et qui t'a porté
baigné dans son ombre
à travers le jour,
lié en silence
à toutes les feuilles,
à toutes les pierres
et à tous les temps,
n'est-ce pas toujours
ce vaste Toi-même
où tu t'es perdu?

SUITE MINEURE

I

Le ciel est plein de songes mal formés.
Ce grand séjour des êtres refusés
Court menaçant sur ta tête de pierre
et ton nuage monte à la lumière
en te laissant les décombres de tout.

Tu creuses ce qui reste près de nous,
tu reconnais le sol sans complaisance;
un âpre vide étreint chaque présence
et te délivre enfin d'un vain espoir.

Ce sont des mains d'aveugle qui vont voir.

II

Les dieux absents, les morts tout autour,
Les flots confondus, les fleurs en flammes.
L'épaule contre le vent. La marche forcée.

Ne me retenez pas! Quelque chose commence,
Quelque chose se tait, se forme et m'attend.

III

Non, tout cela n'est pas sous le ciel,
Mais dans l'esprit paré pour sa victoire
Où pas un jeu n'est joué sans amour.

IV

Un rêve étonnant m'environne :
je marche en lâchant des oiseaux,
tout ce que je touche est en moi
et j'ai perdu toutes limites.

V

Quand je passe près d'une ombre
claquant comme un linge au vent
elle souffle à mon regard :
je suis à toi tu me prends
la muraille qui m'enchaîne
m'a préparée pour te plaire.

VI

Sphère de feu flottant sur les ténèbres,
je vais, plus loin que tes bords lumineux,
les yeux fermés rejoindre la nuit pure
et dans mes bras serrer le poids du temps.

VII

De ces soleils que notre nuit tisonne
Cendre, étincelle et demain flamme, feu
le craquement sous le chaume résonne :
total amour sans démons et sans dieux!

VIII

Vois le jour à travers les barreaux
nommés œil, oreille, narine.
Ils te tiennent depuis l'enfance.
Ils sont ta sauvegarde
contre tout ce qui cogne aux parois

mais au-dedans, plus de frontières!
Vole, nage, marche au bras

des formes les plus grandes.
Passe au travers des murs de poudre.
A toi d'assiéger le monde!

Sur la terre où les jours se confondent,
tremblant de revoir une fleur,
j'écrase le sang de mon cœur
dans les dures parois de ce monde.

J'abandonne à la nuit les délices
près des bords entrevus les yeux clos;
pour maîtriser le temps qui glisse,
le sable est semé de pavots.

A demain, tendre jour, à demain!
Reste jeune en dormant sous la rive
j'emporte la flamme encor vive
à l'abri de mes fidèles mains.

Voyageur avare et rétif,
le front sur le flot qui s'approche,
je cherche le pays des roches,
des derniers grondements captifs.

X

Ici me vint l'espoir ici la crainte,
ici la certitude et le remords.
O souffles ranimant la flamme éteinte,
quelle fumée aux marges de la mort!

Pour avancer je tourne sur moi-même,
cyclone par l'immobile habité;
de tout éclair j'attends le calme et j'aime
du fond d'un gouffre entrevoir des clartés.

Fleurs! Flammes! Jeux et chants du jour léger,
je puis enfin sourire à vos images :
je n'aurai plus à craindre vos mirages
si je vous vois d'un regard étranger!

XI

La ville en moi fermée, en moi dormant
s'ouvre à la marche. Et les bras vont devant
comme les arbres nus privés de vent.
Mille volets obscurs s'animent du dedans
et le ciel que l'on ne voit pas bouge pourtant.
Quelque chose à travers tout dure longtemps
mais se tait. Serait-il temps, serait-il temps?

Quand j'écoute et n'entends pas,
quand je regarde sans voir,
quand je marche sans un pas,
quand mon soleil devient noir,

je disparais sans mourir,
je vis sans un mouvement.
Nul espoir nul souvenir
dans les forges du moment.

Fondre? Soit, mais pour renaître!
Finir pour recommencer!
Le monde est à reconnaître
sur les chemins effacés.

Masque aux yeux morts qui écoute au-dedans,
toujours fidèle à ton commandement.

La flamme de ces flambeaux, renversée,
bouillonne de reflets et de fumée.

Près d'eux! Loin d'eux! Mais les reconnaissant
au front qui tourne, à la main qui se tend.

Plus d'un, déjà favori des ténèbres,
vient-il parfois sur ces pentes funèbres

où sont posés les accidents du jour,
cœurs lumineux, les ombres alentour?

Qu'il soit absous de toute identité
par cette dévorante obscurité!

Qu'il adore les pas qui vont descendre!
Qu'il s'approche en tremblant des fleurs en cendre!

La nuit où fond lentement le soleil
sur chaque objet glisse un secret sommeil.

Ce noir rayon t'élève tout à coup,
triomphant par l'absence à travers tout!

XIV

O vertu des faubourgs, sévérité des rues
que rien ne vient froisser de formes confondues,
vides entre vos rails, gravement retenues
sans sourires aux seuils sans fleurs sans mains tendues,
quelque part dans le lieu des vérités ardues
vous m'avez parlé bas de choses convenues,
d'un ciel sans ornement, de routes absolues
et d'un renoncement total à l'étendue.
(La mort dans la muraille anonyme remue.)

XV

Une route se remémore
tous les pas disparus.
Mais elle attend et rien encore
n'est vraiment apparu.

XVI

Sous un vague sourire
sourdement tu t'opposes.
Sous ce portrait de cire
tu parles d'autre chose.

Le nuage ivre d'eau
n'est pas aussi menteur !
Recouvert de douleur,
tu ris, tu chantes faux.

En vain tu t'évertues :
nul ne s'y laisse prendre.

XVII

A la mâchoire serrée
sur un trop brûlant secret
les paroles préférées
se proposent sans arrêt.

La poitrine se soulève.
Frappez, souffles furieux!
Tout retient, mais rien n'achève
l'ouragan silencieux.

Rien ne bouge que les cieux,
rien ne brille que les yeux.

XVIII

Encore une commotion!
J'avance avec la vie.
Les portes tremblent comme font
les feuilles sous la pluie.

Que de secousses dans le cœur
le sang et la pensée!
Encore un pas vers la splendeur
des formes dépassées!

Terre profonde comme l'eau,
de lumières mêlée
ce qui est là vient de si haut,
que d'étoiles tombées!

Tout ce que vous m'avez appris
s'est chargé de souffrance,
tout ce que vous m'avez repris
s'est comblé de silence.

Le vin de mon âme, le vin
dans mes membres bouillonne.
O jours! serait-ce donc en vain
que vos routes résonnent?

XIX

Le jour d'été

Le bientôt le demain de la mort probable
descend sur la ville estivale, en vapeur
chaude et blanche comme la poudre des routes.

Scintille, ô plaisir de l'heure qui brûle!
O pressentiment, rends le jour léger!
— Pendant que plane au plafond le soleil,
les astres voilés pillent cet espace,
corbeille offerte à leurs jeux secrets.

Présage et promesse d'absence. Le vert
hésite à peindre les feuilles. Le brun
menace de quitter les tuiles et l'on voit
bouger la cloche avant d'entendre un son.

« Tout sera dispersé, le monde et l'homme!
— soupire le fidèle amoureux. — « Je révère
« cette richesse énorme et fragile, qui tient
« dans un coup d'œil! Les dons du ciel descendent;

« une poussière d'or profondément mêlée! »

xx

Le jour gris

Le jour le mieux défendu
est le jour du temps le plus terne,
sans éclat sans chaleur sans force...
— Cherche ta joie sous la cendre!

Elève tes yeux désertés :
rien à voir dans ce gris!
Ouvre tes mains vides : rien,
ni vent ni soleil ni pluie!

Mais quelle étrange sécurité!
Quelle amertume jusqu'au bonheur!
Toute l'espérance est acquise
puisque tout est déjà consommé.

DIALOGUES A VOIX BASSE

I

Et celle qui riait sans pouvoir s'arrêter?
— C'était pour t'avertir des plus graves dangers.

Et celle qui pleurait avec tant de finesse?
— C'était pour t'éclairer sur ta propre faiblesse.

Et ce train qui partait, je le manquai de peu?
— C'était pour égarer les démons ombrageux.

Et le temps qui montait sans m'avancer d'un pas?
— Comprends toi-même enfin! Je ne te réponds plus

II

Quoi! ces murs désolés? Quoi! ce jour sans ardeur?
— C'est pourtant par ici que bat notre grand cœur.

Quoi! ces poumons sans air? Quoi! ces gestes sans
   grâce?
— C'est pourtant notre corps qui nous ouvre l'espace.

Eh! quoi! Pas même un arbre et pas même un oiseau?
— L'amour chante sans voir! Mes mains sont mes
   rameaux.

Existez-vous maintenant? — Je vais! J'entends!
   J'adore!
Savez-vous qui vous dit d'avancer? — Pas encore!

Flamme! Flamme! Déjà s'éteignent tes couleurs!
Cendre! Vas-tu rester dans ce puits de malheur?

— Je viens du fond du sol. Je monte, ô ma fumée!
Je ruine en riant mes hautes cheminées
j'aurai bientôt brûlé la prison de ma vie
j'avais besoin des murs pour ce long incendie!

III

Rétif au devoir

A Jean Paulhan.

J'écarte en vain cette irritante mouche
des mots, ce grain qui grêle dans la bouche,

59

le choc inégal des syllabes, frein
collé aux pas innocents du matin

et la fureur d'étreindre la musique
des voix sans nom sonnant sous les portiques !

— Te plains-tu donc, sauvage, vainement
jaloux du jour qui s'enroule en rêvant,

des nuits d'avril infidèles et folles
et des rameaux qui n'ont pas de paroles ?

Tout, dispersé, se cherche et veut, par toi
soudain lié, se résoudre à sa loi.

LES ÉPAVES RECONNUES

Est-ce aux chocs de mon cœur que j'entends ces orages?
Est-ce au fond de ma nuit que je prends ces images?
Le sol du jour fatal ne mêle pas les eaux
et lorsqu'on me dit « Vois! » en ouvrant des oiseaux,
mon regard inquiet n'ose pas vous confondre,
éternels Éléments qui parlez sans répondre
et qui gardez le monde entre vos grands genoux!
C'est en moi c'est pour moi que ces frères jaloux
brisent le faible sceau qui retient leurs tonnerres,
délivrent le moment détachent la lumière
et donnent libre cours à ce torrent marin
qui gronde à mes côtés en me glaçant les mains.

Hélas! à mon destin ma mémoire infidèle
oubliant même un nom se croirait immortelle
quand s'annonce le vent de ce fleuve éperdu
sans rives et roulant les mondes confondus!
J'ai craint longtemps ce flot qui cogne avec silence,
j'avais peur de mourir d'une aussi dure offense
aux étroites parois d'un homme qui se tient
et va d'un pas tranquille au milieu du chemin.
J'aimais encor le temps les bornes les saisons...

Je les aime toujours mais d'une autre façon!
Ces terrains découpés ces séparations
brillent comme le dos écailleux des poissons;
les jours que je revois n'arrêtent plus les ondes
mais passent en plongeant des racines profondes
dans le monstre sans bords qui peut tout emporter,
comme entraînent les fleurs les ruisseaux printaniers.
De là vient la grandeur des colonnes de marbre
et cette majesté citoyenne des arbres
dont le geste salue et dit toujours adieu,
et de là ces lueurs dans les plus sombres yeux.

J'irai donc, comme vous faussement sédentaire
sans rame et sans secours, radeaux élémentaires :
ne m'abandonnez pas, emportez-moi lié
à ces longs océans où rien n'est oublié!

TANTALE

Dans le dernier des cachots de la terre
où du galop des jours indifférents
n'entre sur un rayon que la poussière,
Tantale, maigre et sonore pour tout
le bruit qui meurt silence à ses genoux,
murmure d'être un fleuve avec ses dents.

Avec son bras bientôt c'est lui le trait,
l'air où siffle la pointe avant la plume
et le flanc de la biche et la forêt
et la flamme et le repas et enfin
c'est au retour Tantale qui a faim
et pour lui seul apprêté flambe et fume.

Jadis il refusa les mains les pas
tombés du ciel pour l'aider à souffrir
et qui, de l'aube aux enfers, volaient bas
pillant les prés les plus doux aux corbeilles
puis revenaient criminelles abeilles
sans les donner, les délices offrir.

Seul désormais il se venge des dieux
car tout ce dont il souffre il en est maître
et sans gémir d'un supplice orgueilleux,
lui-même étant l'oreille et le rivage,
la nasse et le poisson, l'œil et l'image,
il force en lui le monde à reparaître.

LA SEINE DE PARIS

De ceux qui préférant à leurs regrets les fleuves
et à leurs souvenirs les profonds monuments
aiment l'eau qui descend au partage des villes,
la Seine de Paris me sait le plus fidèle
à ses quais adoucis de livres. Pas un souffle
qui ne vienne vaincu par les mains des remous
sans me trouver prêt à le prendre et à relire
dans ses cheveux le chant des montagnes, pas un
silence dans les nuits d'été où je ne glisse
comme une feuille entre l'air et le flot, pas une aile
blanche d'oiseau remontant de la mer
ne longe le soleil sans m'arracher d'un cri
strident à ma pesanteur monotone! Les piliers
sont lourds après le pas inutile et je plonge
par eux jusqu'à la terre et quand
je remonte et ruisselle et m'ébroue,
j'invoque un dieu qui regarde aux fenêtres
et brille de plaisir dans les vitres caché.
Protégé par ses feux je lutte de vitesse
en moi-même avec l'eau qui ne veut pas attendre
et du fardeau des bruits de pas et de voitures
et de marteaux sur des tringles et de voix

tant de rapidité me délivre... Les quais
et les tours sont déjà loin lorsque soudain
je les retrouve, recouvrant comme les siècles,
avec autant d'amour et de terreur, vague après vague,
méandres de l'esprit la courbe de mon fleuve.

I

La ville au pied de l'espace

Ce peu d'espace au cœur est par l'esprit
giflé, comme le ciel par l'hirondelle
ou le vide pavé par le bruit frêle
d'un vélo vu par des gens aux sourcils
mornes, les bras chargés de paquets tristes.
L'espace, quelle soif! Avec nos pas
si lents à dérouler d'étroites pistes
sous les maisons où les sourires ne sont pas.
Le temps court, mais la borne est toujours là!

O source sur les toits toujours présente
bue à l'envers par les yeux enfiévrés,
force toujours plus forte d'être absente,
espace, joins le temps, pour délivrer
nos corps par l'espérance torturés!

Trop peu de place et trop de temps! O bouge,
navire espace écrasé dans ce port,
lève la pierre de la tombe de ces morts,
arrache tes cordages de fumée, pars dans la nuit,
fais de chaque fenêtre une béante
ouverture sur la liberté de l'infini!

Le masque

Une vie imaginaire
sur les villes est posée.
Partout de fausses lumières
sont peintes sur les paupières
des fenêtres enfermées.
Le pâle soleil qui luit
n'est que plâtre sur les pierres.

La vraie ville est dans la nuit.

III

Meubles

Quand sortirons-nous, quand, de ces meubles étranges,
ô table, ô chaise, ô lit, figure de nos anges,
formes de nos pensées, tyrans, abris peu sûrs,
rongés par trop de temps, menacés par les murs,
père et mère des toits et des grandes armoires
des maisons qui s'en vont sans bouger sous l'eau noire
de la pluie? Ô tiroirs, ô coffres sans trésor!
Tout prépare aux tombeaux nos figures de morts,
justifiant le cri d'horreur des cheminées
qui flambent le printemps sur les villes ruinées.

Nul ne sait plus le jour et les feuilles désertes
plongent pour un peu d'air aux fenêtres ouvertes
pleines de souvenirs et de papiers jaunis...
Mais nous avons un dieu, la salutaire Nuit!
Elle seule abolit nos limites affreuses
et les regrets des compagnes peureuses
et sous le bois et le métal
répand le torrent sidéral
avec un long soupir pâle comme le lait
dans les visages creux où le ciel reparaît.

IV

Sonate

Plus rien entre le ciel et moi sinon le temps!
Je ne suis nulle part ailleurs que dans les ailes
invisibles de l'air qui battent faiblement
sous l'espace noyé par sa pluie éternelle.

Quel secret demander à ce désert savant?
Quel secours sinon lui, quelle heure sinon celle
qui s'arrête!... La feuille est veuve de tout vent;
il suffit d'écouter et d'attendre comme elle.

Nul pas ne reviendra sur ce champ spacieux;
tout est déjà mémoire au front calme des dieux
et pour être plus près de leur lointain silence,

ouvre en toi-même un flot égal à ce qui fuit,
sans regret, sans espoir et sans autre présence
que ce cœur encor lourd d'immémoriale nuit.

Jours pétrifiés

(1943-1947)

A Marie-Laure.

I

JOUR NUIT SOLEIL ET ARBRES
(Suite majeure)

I

Est-ce pour moi ce jour ces tremblantes prairies
ce soleil dans les yeux ce gravier encor chaud
ces volets agités par le vent, cette pluie
sur les feuilles, ce mur sans drame, cet oiseau?

(Certains mots sont tellement élimés, distendus, que l'on
peut voir le jour au travers.

Immenses lieux communs, légers comme des nappes de
brouillard, — par cela même difficiles à manœuvrer.

Mais ces hautes figures vidées, termes interchangeables,
déjà près de passer dans le camp des signes algébriques, ne
prenant un sens que par leur place et leur fonction, sem-
blent propres à des combinaisons précises chaque fois que
l'esprit touche au mystère de l'apparition et de l'évanouis-
sement des objets.)

II

L'esprit porté vers le bruit de la mer
que je ne peux entendre
ou bien vers cet espace interdit aux étoiles
dont je garde le souvenir
je rencontre la voix la chaleur
l'odeur des arbres surprenants
j'embrasse un corps mystérieux
je serre les mains des amis.

III

De quelle vie et de quel monde ont-ils parlé?

— De jours pleins de soleil où nous nous avançons,
d'espace qui résiste à peine à nos mains et de nuits
que n'épaissira plus l'obscurité légère.

IV

Entre les murs un visage survint
qui se donnait le devoir de sourire
et m'entraîna vers une autre fenêtre
d'où le nuage à ce moment sortait.

74

Tout était lourd d'un orage secret
un homme en bleu sur le seuil s'avançait
le tonnerre éclata dans ma poitrine
un chien les oreilles basses
rentrait à reculons.

Mémoire

Et l'ombre encor tournait autour des arbres
et le soleil perdait ses larges feuilles
et l'étendue le temps engloutissait
et j'étais là je regardais.

VI

Je dissipe un bien que j'ignore
je me repais d'un inconnu
je ne sais pas quel est ce jour ni comment faire
pour être admis.

VII

Comme alors le soleil (il était dans la nuit
il roule il apparaît avec silence
avec amour, gardant pour lui l'horreur)
ainsi viendront les jours du tonnerre enchaîné
ainsi les monstres souriants ainsi les arbres
les bras ouverts, ainsi les derniers criminels
ainsi
la joie.

VIII

Quand la nuit de mon cœur descendra dans mes mains
et de mes mains dans l'eau qui baigne toutes choses
ayant plongé je remonterai nu
dans toutes les images :
un mot pour chaque feuille un geste pour chaque
    ombre
« c'est moi je vous entends c'est moi qui vous connais
et c'est moi qui vous change. »

IX

Je n'attends pas un dieu plus pur que le jour même :
il monte je le vois ma vie est dans ses mains :
la terre qui s'étend sous les arbres que j'aime
prolonge dans le ciel les fleuves les chemins...

Je pars j'ai cent mille ans pour cet heureux voyage.

x

Épitaphe

Pour briser le lien du jour et des saisons
pour savoir quelle était cette voix inconnue
sur le pont du soleil à l'écart de ma vie
je me suis arrêté.

Et les fleuves ont fui, l'ombre s'est reconnue
espace les yeux blancs j'écoute et parle encore
je me souviens de tout même d'avoir été.

II

FLEURS ET ABIME

I

Sous les fleurs que je sais il n'est pas de prairie
mais le lait noir de l'abîme inconnu ;
dans mon sommeil amer je les rends à la nuit,
elles descendent, elles s'éteignent lentement.

II

Une maison seule s'avance
au bord fleuri de l'abîme ;
sa fumée déjà bleuit...

Ah ! Qu'elle soit par les mots
sauvée, avant sa chute
et que sans bruit sans souffrance
elle tombe dans l'esprit !

III

Indolente demoiselle
qui passes près des fleurs,
entends tonner l'abîme!
La foudre des origines
ravive les couleurs.

Silence éclair avenir,
une chevelure luit,
je ne sais que faire
de tant de splendeur.

IV

Deux mains qui ont perdu la trace d'un visage
s'avancent flairant l'ombre à la recherche
d'une forme jadis humaine. Mais le masque
est rempli par l'abîme.
Les mains épouvantées se retirent
et remportent les fleurs.

V

Pour gagner les terribles faveurs de l'abîme
arbres nous monterons par le dedans jusqu'à nos
    fleurs.
Alors le vent, alors l'automne, alors
notre accomplissement sera
cette chute légère, heureuse, désolée.

VI

Rongées par une frange d'ombre et d'or
fleurs rouges fleurs noires fleurs violettes,
au plus pur de vous-même, là
où l'avenir hésite
comme le sommeil au centre de l'esprit éveillé,
comme le silence au creux de l'orage
ou la liberté dans le secret des actes,
lorsque le mot est devenu si vaste
qu'il n'est plus que rencontre,
un grand espace ailé dans l'air,
alors ô fleurs en vous-mêmes à son tour
l'abîme se blottit.

VII

Si le regard grandit s'il est le même abîme
il peut tout contenir et préserver,
mais ce n'est pas sans crainte qu'il accueille
cette fleur aux cils lourds
plus large que la mer.

VIII

Les plus blanches longtemps
ont avec peine
retenu la lumière du soir,
les courageuses!

Bientôt elles iront brûler
dans un abîme de soleil.

I

Chanson de la nuit

Un de ceux qui passent passent
un de ceux qui passeront
l'un premier l'autre second
le troisième vient ensuite
le quatrième après lui
le cinquième où es-tu donc?
le sixième déjà tombe
le septième contre un mur
le huitième dans la nuit
le neuvième attendez-moi!
le dixième vient trop tard
le onzième est déjà loin
par le douzième suivi,
mais le treizième s'arrête
(rien ne va rien ne va plus)
près d'une borne inutile :
« on ne m'a pas attendu
« on ne m'a pas reconnu »

Chanson du crime

A la porte verrouillée
au fond d'un mauvais silence
un homme frappe et s'en va
sans attendre la réponse.

Un autre monte du sol,
sa main cogne avec colère,
celui-là ne s'en va pas.

Des couteaux brillent et bougent
dans les angles de la nuit,
la porte a des soubresauts
on la pousse du dedans.

Nul ne sort et nul ne rentre,
je ne sais pourquoi ces ombres
se rassemblent par ici.

Chanson du faux marin

A Jacques Lemarchand.

Pour délivrer ma vie
de l'immobilité
j'ai fait de grands efforts, —
couvert de mes cordages
de mes voiles tombées
je gagnerai le port
que je n'ai pas quitté.

Image de moi-même
oiseau forme cruelle
qui pars et qui reviens
dans l'odeur de la mer,
chaque tour de ton aile
m'accable de liens.
Couvert de mes cordages
de mes voiles tombées
je gagnerai la mort
qui ne m'a pas quitté.

Les yeux bandés les mains tremblantes
trompé par le bruit de mes pas
qui porte partout mon silence
perdant la trace de mes jours
si je m'attends ou me dépasse
toujours je me retrouve là
comme la pierre sous le ciel.

Par la nuit et par le soleil
condamné sans preuve et sans tort
aux murs de mon étroit espace
je tourne au fond de mon sommeil
désolé comme l'espérance
innocent comme le remords.

Un homme qui feint de vieillir
emprisonné dans son enfance,
l'avenir brille au même point,
nous nous en souvenons encore,
le sol tremble à la même place,

le temps monte comme la mer.

Surpris par ma propre présence
souvent me vint le haut-le-corps
d'un criminel pris sur le fait
sur les fumées de son forfait
sur les yeux blancs d'un autre mort.
J'étais pourtant dans l'innocence
je traversais une forêt
pareille aux foules du dimanche
ou j'écoutais vivre une rue
à la recherche du silence
ou je comptais les choses vues,
mes pavés mes pas mes étoiles
ou les feuilles que j'ai connues.

« Beau petit saint les mains si blanches
« l'air si bon si droit si discret,
« halte!... »
              — « Qui parle? Qui m'arrête?
« Qui?... »
              Lentement très lentement
je me détourne et tout à coup
je regarde :

Il n'y a personne!

Cette absence a les yeux des arbres
une figure creuse et haute
où s'engouffre toute la vie
étrangère à ce que je fus.

I

Non ce n'est pas ici

J'aperçois d'effrayants objets
mais ce ne sont pas ceux d'ici?
Je vois la nuit courir en bataillons serrés
je vois les arbres nus qui se couvrent de sang
un radeau de forçats qui rament sur la tour?

J'entends mourir dans l'eau les chevaux effarés
j'entends au fond des caves
le tonnerre se plaindre
et les astres tomber?...

— Non ce n'est pas ici, non non que tout est calme
ici : c'est le jardin voyons c'est la rumeur
des saisons bien connues
où les mains et les yeux volent de jour en jour!...

II

Nous n'irons pas plus loin

A Michel Pontremoli.

... L'un (qui nous dépassa) frappait sur nos épaules :
« Courons-y donc ! » — « Mais où ? » — « Je ne sais pas ! »
celui qui nous parlait secouait nos épaules.
Un même vent penchait vers l'horizon
nos faces ravagées par des lueurs de sang.
Nous hurlions des appels et des cris de colère
qui rôdaient dans la nuit comme des mains coupées.

... Mais pourquoi ces débris sur les vieux chariots ?
— Parce que nous étions de la même famille.

— Et pourquoi tant d'amour et pourquoi tant de
    haine ?
— Parce que nous étions sur une île déserte.

Il ne répond même plus

Dans mon obscurité quel est ce bruit?
— . . . .

Quel est dans mon tumulte ce silence?
— . . . .

Qui est ici? Quel est cet inconnu?
— . . . .

Qui a parlé, qui a crié, qui a
serré ma gorge avec ses mains de traître?
— . . . .
Est-ce le jour fixé, est-ce le lieu?
— . . . .
Répondez! Mais répondez! Mais répondez-moi!...
— . . . .

IV

Responsable

A Guillevic.

Et pendant ce temps-là que faisait le soleil?
— Il dépensait les biens que je lui ai donnés.

Et que faisait la mer? — Imbécile, têtue
elle ouvrait et fermait des portes pour personne.

Et les arbres? — Ils n'avaient plus assez de feuilles
pour les oiseaux sans voix qui attendaient le jour.

Et les fleuves? Et les montagnes? Et les villes?
— Je ne sais plus, je ne sais plus, je ne sais plus.

INCARNATION

A André Frénaud.

Un être grave douloureux
qui vient du fond des âges
un être lourd et malheureux
remonte jusqu'à mon visage,
emprunte ma voix pour parler,
pour se parer d'une personne
qui prenne jour sur l'autre bord.
La bouche et les yeux qu'il se donne
encore obscurcis par la mort
affleurent aux vivantes rives :
ah choc profond de la clarté!
la lumière circule et danse
les sons s'enroulent aux oreilles
flux et reflux surabondance
bouleversé par l'évidence
il va de merveille en merveille
dans les gorges de la santé.
O nourriture pour cet ogre
qui n'était encor que gosier
sans nom sans forme, rien que gouffre —
bon pour la nuit et la fumée :
voici que telle chose existe

qui dans la main pèse et persiste
voici la pierre de nos dieux
les colonnes au long des routes
les portes battant sous les voûtes
et les arbres infranchissables.
Il dit : parle! — et j'ouvre la bouche
et les vieux échos enroués
par ma colère secoués
tonnent sur le tambour des murs;
il dit : marche! — et mon pas l'emporte
plus sonore qu'une cohorte
comme ce peuple de portraits
que dans le jeu profond des glaces
enfante un couple de reflets.
Je suis le fils je suis le père
de ce multiple interminable;
lui donnant corps je le mélange
à l'eau à la terre et au vent
je suis la gueule du volcan
pour cette vapeur inconnue
montant des profondeurs du monde
à la surface de nos champs.
Je déchaîne dans le visible
l'appétit de sa cécité,
je délivre dans l'air des formes
sa dévorante opacité
et dans l'instant faible et léger
l'immémoriale impatience
qu'il a de se manifester...
Mais malheur à lui s'il retrouve,
en levant les yeux par mes yeux
plus haut que la tendre lumière
plus loin que le ciel habité,

les ténèbres qu'il voulait fuir,
l'inconsistance qu'il abhorre
et les fumées qui l'épouvantent
menaçant la vie et la mort!

★

Il dit :
     « Vous songerez à moi
vous qui vivez,
quand je fondrai dans l'empyrée
comme une haleine!
Mes feux par vous auront passé
vous laissant alourdis de peur
de faim de guerre et d'incendie,
honteux du souvenir des fleurs
honteux de risquer un regard
sur le corsage de vos femmes.
J'aurai coulé dans votre sang
j'aurai troqué l'inexistence
qui m'habillait de ses brouillards
contre un instant près des rochers
des os des métaux et des dents,
contre un bras qui se lève et hèle
contre un baiser aux infidèles
contre le pas, contre le poing!
Mais pour avoir ainsi calmé
ma soif de monter dans l'aurore
vous serez bien récompensés!
Tandis que pleurant vos visages

95

(même écrasés sur vos tombeaux)
je repleuvrai sur vos hameaux
sous forme de cendre et d'orage
forçant vos piètres horizons
brisant les tuiles de vos toits
crevant la panse de vos coffres
j'aurai glissé dans votre bouche
le goût d'une absence infinie,
j'aurai laissé l'eau dans vos caves,
la flamme au bord de vos maisons,
l'abîme au bout de vos chemins,
le doute au fond de vos pensées
et le tremblement dans vos mains! »

*

Comment comment, puisque c'est moi,
bâillonner cette bouche affreuse?
Elle dit bien ce que nous sommes,
un moment déguisés en hommes
avant d'éclater par la nuit
qui gonfle nos frêles parois.
Mais quel orgueil de se connaître
effacés avant d'apparaître!
Quel rire secret sur nos dents!
Quel honneur dans le moindre instant!
Quel phosphore sur nos charniers,
quel feu plus long que nos bûchers,
éblouit nos pires ténèbres
et quelle perle au fond du temps!

S'il n'est plus rien qui soit demain,
quelle injure aux mille complices
du grand fantôme souterrain,
à travers mensonge et supplices,
que s'efforcer vers l'être humain
pendant le bref éclair du jour.

Ombre cette ombre monstrueuse
qui vient du fond des âges,
cette ombre grave et malheureuse
remontée jusqu'à nos visages,
nous la traînerons elle-même
comme au soleil une fumée
jusque sous l'arche de l'amour.

97

SOMMEIL SANS FIN

Silence autour du tonnerre
moribond par un brasier
secrètement habité
prolongé et dévoré
je dormais près de la terre,
je dormais je dors encore
très longtemps je dormirai
replié sur la torture
sur les monstres familiers
dont je suis l'aliment.

Voici le jour, perfide
parure de mon néant!
Mon sommeil change de face.
L'éternité que je porte
est bornée de toutes parts;
sur les ombres de Paris
les plumes de la lumière
anges gardiens de ma nuit
ont leur grave sourire :
« Tu n'iras pas plus avant! »
Mais que m'importent ces vitres

brisées, inutiles
par où tombe tout le ciel!
Dans les cavernes du sang
dans mes puits où se regarde
l'espace multiplié
pas à pas je descends.

Foudre rayons météores
dons de l'irréalité
le possible l'impossible
la profonde liberté, .
votre feu brûle mes veines,
je frissonne sans bouger.
Près de la terre où je dors
votre cristal m'illumine,
vos traits sont mes ossements
ma vie et ma mort.

REGINA TERRAE

A Albert Camus.

Comme un souvenir
je t'ai rencontrée,
personne perdue.

Comme la folie,
encore inconnue.

Fidèle fidèle
sans voix sans figure
tu es toujours là.

Au fond du délire
qui de toi descend
je parle j'écoute
et je n'entends pas.

Toi seule tu veilles
tu sais qui je suis,
la terre se tourne
de l'autre côté,
je n'ai plus de jour
je n'ai plus de nuit;

le ciel immobile
le temps retenu
ma soif et ma crainte
jamais apaisées,

pour que je te cherche,
tu les as gardées.

Sœur inexplicable,
délivre ma vie,
laisse-moi passer!

Si de ton mystère
je suis corps et biens
l'instant et le lieu,

ô dernier naufrage
de cette raison,
avec ton silence
avec ma douleur
avec l'ombre et l'homme,
efface le dieu!

Faute inexpiable
je suis sans remords.
Dans un seul espace
je veux un seul monde
une seule mort.

LE TEMPS RÉVOLU

A Jean Lescure.

L'heure les jours les ans qui nous dévorent,
ce temps n'est plus, nous l'avons dépassé,
nous n'allons plus sur ses rives sonores;
l'écume blanche et le crin des chevaux
sous le ciel fixe en monceaux entassés
comme ossements qu'un seul corbeau décore
(un noir glaçon vestige d'une haleine
brille endormi tout autour des naseaux) —
sont les dessins que nous avons tracés.

Nous n'irons plus courir le long des eaux
nous n'irons plus défier les nuages
nous lamentant de la mort des saisons
nous n'aurons plus de clameurs ni de larmes...

Nous serons là comme sont toutes choses
l'arbre debout qui flotte sur son ombre
le soleil blanc qui tourne autour de nous,
la paix du jour, ses invincibles armes.

Nous serons là calmes et profitables
sans un soupir dans nos rangs de roseaux

louant le sol parce qu'il nous rassemble
louant le ciel parce qu'il nous ressemble,
parce qu'il est notre profond silence
parce qu'il dort dans notre inconsistance
parce qu'il luit dans notre vérité
et que nos yeux rassérénés regardent
un autre temps immobile monter.

Monsieur monsieur

(1948-1950)

ARGUMENT

C'est au carrefour du Burlesque et du Lyrique (il faisait froid, le vent de l'espace agitait les haillons d'un épouvantail), c'est sur ce miteux théâtre de marionnettes où vont tout à l'heure apparaître deux Monsieurs identiques dont chacun n'est que l'ombre de l'autre, des jocrisses jouant au philosophe, des éléments éternels réduits à des dimensions ridicules, des sentiments vrais représentés par leur propre parodie, — c'est là que je m'étais caché pour écrire ces poèmes.

On trouvera donc ici presque plus de pantomimes et de grimaces que de mots. Si le lecteur consent à devenir complice du jeu, s'il parle et vit mes fantoches en les lisant, s'il entend sa propre voix intérieure moduler des accents grotesques, irréels à force de niaiserie, s'il sent son masque parcouru de tics nerveux, annonciateurs d'une gesticulation idiote et libératrice, — alors

MONSIEUR MONSIEUR

aura gagné.

Monsieur interroge Monsieur

Monsieur, pardonnez-moi
de vous importuner :
quel bizarre chapeau
vous avez sur la tête!

— Monsieur vous vous trompez
car je n'ai plus de tête
comment voulez-vous donc
que je porte un chapeau!

— Et quel est cet habit
dont vous êtes vêtu?

— Monsieur je le regrette
mais je n'ai plus de corps
et n'ayant plus de corps
je ne mets plus d'habit.

— Pourtant lorsque je parle
Monsieur vous répondez

et cela m'encourage
à vous interroger :
Monsieur quels sont ces gens
que je vois rassemblés
et qui semblent attendre
avant de s'avancer?

— Monsieur ce sont des arbres
dans une plaine immense,
ils ne peuvent bouger
car ils sont attachés.

— Monsieur Monsieur Monsieur
au-dessus de nos têtes
quels sont ces yeux nombreux
qui dans la nuit regardent?

— Monsieur ce sont des astres
ils tournent sur eux-mêmes
et ne regardent rien.

— Monsieur quels sont ces cris
quelque part on dirait
on dirait que l'on rit
on dirait que l'on pleure
on dirait que l'on souffre?

— Monsieur ce sont les dents
les dents de l'océan
qui mordent les rochers
sans avoir soif ni faim
et sans férocité.

— Monsieur quels sont ces actes
ces mouvements de feux
ces déplacements d'air
ces déplacements d'astres
roulements de tambour
roulements de tonnerre
on dirait des armées
qui partent pour la guerre
sans avoir d'ennemi?

— Monsieur c'est la matière
qui s'enfante elle-même
et se fait des enfants
pour se faire la guerre.

— Monsieur soudain ceci
soudain ceci m'étonne
il n'y a plus personne
pourtant moi je vous parle
et vous, vous m'entendez
puisque vous répondez!

— Monsieur ce sont les choses
qui ne voient ni entendent
mais qui voudraient entendre
et qui voudraient parler.

— Monsieur à travers tout
quelles sont ces images
tantôt en liberté
et tantôt enfermées
cette énorme pensée
où des figures passent
où brillent des couleurs?

— Monsieur c'était l'espace
et l'espace
se meurt.

II

Voyage avec Monsieur Monsieur

Avec Monsieur Monsieur
je m'en vais en voyage.
Bien qu'ils n'existent pas
je porte leurs bagages.
Je suis seul ils sont deux.

Lorsque le train démarre
je vois sur leur visage
la satisfaction
de rester immobiles
quand tout fuit autour d'eux.

Comme ils sont face à face
chacun a ses raisons.
L'un dit : les choses viennent
et l'autre : elles s'en vont.

Quand le train les dépasse
est-ce que les maisons
subsistent ou s'effacent?
moi je dis qu'après nous
ne reste rien du tout.

— Voyez comme vous êtes!
lui répond le premier,
pour vous rien ne s'arrête
moi je vois l'horizon
de champs et de villages
longuement persister.
Nous sommes le passage
nous sommes la fumée...

C'est ainsi qu'ils devisent
et la discussion
devient si difficile
qu'ils perdent la raison.

Alors le train s'arrête
avec le paysage
alors tout se confond.

III

Monsieur Monsieur aux bains de mer

Un jour près de la mer
Monsieur et Monsieur seuls
parlaient tranquillement
et mangeaient une pomme
en regardant les cieux.

— Voyez donc, dit l'un d'eux,
l'agréable néant!
et quel apaisement
quand l'abîme sans bord
mélange sans effort
les choses et les gens!
Pour qui ressemble à Dieu
les jours particuliers
ne sont pas nécessaires.

— La question n'est pas là
Monsieur (répond Monsieur)
nous sommes éphémères,
or la totalité
de la grande Unité
nous étant refusée,

c'est par la quantité
que nous nous en tirons.
Et nous additionnons
et nous thésaurisons!
Donc la diversité
pour nous sur cette terre
est la nécessité.
Regardez ce poisson
qui n'est pas un oiseau
qui n'est pas une pomme
qui n'est pas la baleine
qui n'est pas le bateau...

— Ah, pour moi c'est tout comme,
interrompit Monsieur,
la baleine et la pomme
devant l'éternité
sont à égalité.

A ces mots le vent souffle
emportant leurs chapeaux
et les deux personnages
dans le ciel bleu et beau
s'effacent aussitôt.

Les difficultés essentielles

Monsieur met ses chaussettes
Monsieur les lui retire,

Monsieur met sa culotte
Monsieur la lui déchire.

Monsieur met sa chemise
Monsieur met ses bretelles
Monsieur met son veston
Monsieur met ses chaussures :
au fur et à mesure
Monsieur les fait valser.

Quand Monsieur se promène
Monsieur reste au logis

quand Monsieur est ici
Monsieur n'est jamais là

quand Monsieur fait l'amour
Monsieur fait pénitence

s'il prononce un discours
il garde le silence,

s'il part pour la forêt
c'est qu'il s'installe en ville,

lorsqu'il reste tranquille
c'est qu'il est inquiet

il dort quand il s'éveille
il pleure quand il rit

au lever du soleil
voici venir la nuit;

Vrai! c'est vertigineux
de le voir coup sur coup
tantôt seul tantôt deux
levé couché levé
debout assis debout!

Il ôte son chapeau
il remet son chapeau
chapeau pas de chapeau
pas de chapeau chapeau
et jamais de repos.

V

Le tombeau de Monsieur Monsieur

Dans un silence épais
Monsieur et Monsieur parlent
c'est comme si Personne
avec Rien dialoguait.

L'un dit : Quand vient la mort
pour chacun d'entre nous
c'est comme si personne
'avait jamais été.
Aussitôt disparu
qui vous dit que je fus?

— Monsieur, répond Monsieur,
plus loin que vous j'irai :
aujourd'hui ou jamais
je ne sais si j'étais.
Le temps marche si vite
qu'au moment où je parle
(indicatif-présent)
je ne suis déjà plus
ce que j'étais avant.
Si je parle au passé

ce n'est pas même assez
il faudrait je le sens
l'indicatif-néant.

— C'est vrai, reprend Monsieur,
sur ce mode inconnu
je conterai ma vie
notre vie à tous deux :
A nous les souvenirs!
Nous ne sommes pas nés
nous n'avons pas grandi
nous n'avons pas rêvé
nous n'avons pas dormi
nous n'avons pas mangé
nous n'avons pas aimé.

Nous ne sommes personne
et rien n'est arrivé.

A MOTS COUVERTS

(Sur le ton de la basse médisance.)

Savez-vous la nouvelle?
            — Ma foi non!
                       — Il paraît...
(mais soyez courageux, attendez-vous au pire!)
il paraît que le Temps par une nuit sans lune...
vous devinez?
         — Hélas, je n'ai que trop compris,
ô Dieux, est-ce possible?
            — Telle est la vérité!
— Quoi, dites-vous, le Temps et la Nuit?...
                    — Elle-même!
— C'était donc pour cela que ces deux misérables!
J'aurais dû m'en douter!
             — Ce serait beaucoup dire :
tout s'est passé sans bruit
comme un léger frisson pendant un long sommeil.
— Et nous les orphelins, qu'allons-nous devenir?

LA NUIT
LE SILENCE ET L'AU-DELA

Un soupir dans l'espace énorme

Puis une voix murmure :

« Gontran, es-tu là? »

Pas de réponse

Des pas s'en vont comme les nuages.

CONVERSATION

(Sur le pas de la porte, avec bonhomie.)

Comment ça va sur la terre ?
— Ça va ça va, ça va bien.

Les petits chiens sont-ils prospères ?
— Mon Dieu oui merci bien.

Et les nuages ?
— Ça flotte.

Et les volcans ?
— Ça mijote.

Et les fleuves ?
— Ça s'écoule.

Et le temps ?
— Ça se déroule.

Et votre âme?
— Elle est malade
le printemps était trop vert
elle a mangé trop de salade.

LA MÔME NÉANT

(Voix de marionnette, voix de fausset, aiguë, nasillarde, cassée, cassante, caque-tante, édentée.)

Quoi qu'a dit?
— A dit rin.

Quoi qu'a fait?
— A fait rin.

A quoi qu'a pense?
— A pense à rin.

Pourquoi qu'a dit rin?
Pourquoi qu'a fait rin?
Pourquoi qu'a pense à rin?

— A'xiste pas.

LES ERREURS

(La première voix est ténorisante, maniérée, prétentieuse; l'autre est rauque, cynique et dure.)

Je suis ravi de vous voir
bel enfant vêtu de noir.

— Je ne suis pas un enfant
je suis un gros éléphant.

Quelle est cette femme exquise
qui savoure des cerises?

— C'est un marchand de charbon
qui s'achète du savon.

Ah! que j'aime entendre à l'aube
roucouler cette colombe!

— C'est un ivrogne qui boit
dans sa chambre sous le toit.

Mets ta main dans ma main tendre
je t'aime ô ma fiancée!

— Je n'suis point vot' fiancée
je suis vieille et j'suis pressée
laissez-moi passer!

L'AFFAIRE SE COMPLIQUE

*(Agacé, commençant à s'affoler,
mais décidé à garder son sang-froid.
Un rien de dignité offensée.)*

Qu'est-ce que c'est
que tout ceci
qui va d'ici
jusque là-bas?

Ho-ho par-ci!
hou-hou par-là!
Qui est ici?
et qui va là?

Je dis : hé-là!
mais c'est pour qui?
Et pourquoi qui
et pourquoi quoi?

Quoi est à qui?
A vous? à lui?
Qui vous l'a dit?
Ce n'est pas moi
(ni moi non plus)
ni moi ni moi.

LE PETIT OPTIMISTE

Dès le matin j'ai regardé
j'ai regardé par la fenêtre :
j'ai vu passer des enfants.

Une heure après, c'étaient des gens.
Une heure après, des vieillards tremblants.

Comme ils vieillissent vite, pensai-je!
Et moi qui rajeunis à chaque instant!

LES PRÉFIXES

(Accent méridional.)

A mesure que je vois
j'oublie j'oublie
j'oublie tout ce que je vois.

A mesure que je pense
je dépense je dépense!

A mesure que je vis
je dévie je dévie!

Mais à mesure que je meurs
je demeure je demeure.

SOLIPSISME

(Accent parigot. Véhémence et certitude agressive. Avec gestes.)

Qui c'est qu'est là
quand j'y suis pas?

C'est-i l'bureau?
C'est-i la porte?
C'est-i l'parquet?
C'est-i l'plafond?
C'est-i la rue?
C'est-i la terre?
C'est-i le ciel?
Ah, nom de nom!

Quand j'y suis pus
Y-a pus personne.
A preuve? C'est que quand j'reviens
je ramèn' tout à la maison :
et v'là la terre
et v'là le ciel
et v'là la rue
et ma maison
et v'là la porte
et v'là l'parquet
et v'là l'plafond!

129

UN SOLIDE BON SENS

(Péremptoire et imbécile, bureaucratique et pompeux.)

J'ose affirmer que quiconque
s'il est mort c'est qu'il a vécu;
j'ose affirmer que j'existe
puisque je sais que je meurs.

J'ose espérer qu'à ce jour
succédera demain,
quand il aura fait son grand tour,
ce soleil que j'applaudis des deux mains.

Permettez! Comment? Permettez!
Permettez que je me présente :
je suis Untel fils d'Untel,
j'ose affirmer que mon père,
puisque je vis, a le droit de mourir.
Ainsi chacun succède à l'autre :

si je m'en vais, c'est que je fus
si je m'endors c'est que je veille
si je veille c'est pour dormir
si je meurs c'est d'avoir vécu.

ORACLE

*(D'abord hésitant à travers la fumée
prophétique. Puis affirmatif, rythmé,
farouche, le pied frappant le sol.)*

Non ce n'est pas d'hier
c'est plutôt pour demain.
Aujourd'hui comme hier
c'est toujours pour demain.

Dans le feu
dans le feu
dans le feu dans le feu
dans le feu de la terre
je mettrai mes deux mains.

CONSEILS DONNÉS PAR UNE SORCIÈRE

(A voix basse, avec un air épouvanté, à l'oreille du lecteur.)

Retenez-vous de rire
dans le petit matin!

N'écoutez pas les arbres
qui gardent les chemins!

Ne dites votre nom
à la terre endormie
qu'après minuit sonné!

A la neige, à la pluie
ne tendez pas la main!

N'ouvrez votre fenêtre
qu'aux petites planètes
que vous connaissez bien!

Confidence pour confidence :
vous qui venez me consulter,
méfiance, méfiance!
On ne sait pas ce qui peut arriver.

LOCUTIONS

OU

LES COMMANDEMENTS DE DIEU

« Allez voir là-bas si j'y suis :
vous trouverez à qui parler.
C'est à prendre ou à laisser.

Non, mais, pour qui me prenez-vous?
Puisque c'est moi qui vous le dis :
ce n'est pas moi qui ai fait le coup.

Souvenez-vous de mes paroles,
mais si vous me prenez au mot
vous le sentirez passer.

Ah! puis en voilà assez! »

LE BON CITOYEN DE L'UNIVERS

(Doctoral, précis et sec, mais accommodant.)

J'aime ce monde logiquement
par la vertu des vérités
qu'il communique aux facultés
dont est fait notre entendement.

Exemple : j'aime cet espace
où tous les mondes prennent place
les petits objets et les grands
et j'aime le déroulement
de la succession des temps
où tous ces objets se déplacent
lorsqu'ils s'échappent du néant
et que leur forme et leur couleur
les signalent à l'observateur :
la verdure parce qu'elle est verte
le vin rouge parce qu'il est rouge
le ciel bleu parce qu'il est bleu
les liquides parce qu'ils bougent,
tandis que l'immobilité
caractérise étrangement
les solides sans mouvement.

Or si dans ce monde logique
il en était tout autrement
je ne serais pas moins content
car j'aimerais le mouvement
pour ce que rien ne s'y déplace
aussi le temps aussi l'espace
parce que rien n'est à sa place
et toutes les choses qui passent
avant de sortir du néant
et qui changent incessamment
de forme autant que de couleur :
le vin rouge parce qu'il est blanc
le ciel bleu parce qu'il est rouge
la neige parce qu'elle est verte
les prés verts parce qu'ils sont noirs
les solides parce qu'ils bougent
et les liquides immobiles.

Je ne suis pas très difficile
quoi qu'il arrive, je suis content
je suis un citoyen docile
de cet univers cohérent.

LES CATÉGORIES DE L'ENTENDEMENT
OU
LES IDÉES INNÉES

1. — L'eau qui gémit dans les tuyaux d'étage
est triste énormément et m'a donné l'image
de l'Infini.

2. — Je vais de ma table au bureau
et de mon bureau à ma table
et de ma table dans mon lit.
C'est pour les pas c'est pour la vue
ce que je nomme l'Étendue.

3. — J'ai contemplé dans l'ombre des Musées
des Apollon sans bras, des torses mutilés
et c'était ça l'Éternité.

L'HOMME ET LA NATURE

*(L'homme-nature. — L'homme dans
la Nature. — La nature de l'homme. —
L'homme pour ou contre la Nature. — La
naturalisation de l'homme. — L'humani-
sation de la Nature.)*

Tel qui ouvre une porte
un autre la referme :
moi si j'ouvre une porte
vous si vous la fermez
nous ressemblons au vent
vent du nord, vent du sud
ou bien tout autre vent.
Or nous sommes des hommes
ayant figure d'homme
ce qui n'est pas le cas
des mouvements de l'air.

Que faut-il donc conclure
conclure de ceci?
Rien, sinon que je suis
cet homme que nous sommes
et que je suis un homme
et que cet homme est homme
et qu'il n'est pas le vent
et que la porte est porte

et qu'en les comparant
on n'en pourrait tirer
aucun enseignement.

LE TRAQUENARD

*(De l'air malin et assuré d'un qui « sait »
et à qui on ne la fait pas.)*

Si ce monde était cohérent
je ne pourrais pas dire : il pleut
sans qu'aussitôt l'averse tombe.

Or il n'en est rien : je peux
parler autant que je le veux
sans tirer les morts de leur tombe
ni l'existence du néant.

Je conclus que dans tout cela
un malentendu il y a :
ou bien tout se passe à l'inverse
de ce qui devait arriver
et le mot « il pleut » suit l'averse
lorsqu'il devrait la précéder.

Ou bien ON sait ce que l'on fait :
ON veut nous rendre ridicules,
ON nous laisse bien gentiment
parler à tort et à travers
et jamais ON ne nous répond.

NI L'UN NI L'AUTRE

Quoi dire, quoi penser? Le jour
par son insistance à paraître,
avouons-le, avouons-le,
fatigue ses meilleurs amis.

La nuit par contre, sournoise,
à tous nos instants se mélange,
elle bat sous nos paupières
elle rampe autour des objets :
inquiétante! inquiétante!

Quant à cette chose sans nom
qui n'est ni le jour ni la nuit,
baissez la voix je vous le conseille
mieux vaut n'en point parler ici!

JE M'EMBROUILLE

(Problème pour Alix.)

(Docte et cérémonieux.)

Ce qui l'une de l'autre éloigne
deux personnes habitant
deux villages différents
c'est l'espace qui les sépare.

Donc, afin qu'elles se rejoignent
il suffit qu'allant à la gare
l'une des deux prenne le train
jusqu'au lieu où l'autre se tient.

A moins qu'on ne trouve un moyen
soit de contracter l'étendue
soit même de la supprimer.

Mais alors comme tout se tient
tout serait à recommencer
car il ne resterait plus rien
ni les personnes ni les trains.

Donc ce problème ne vaut rien.

AINSI FONT FONT FONT

(Magnifiquement érudit.)

Le chemin de fer urbain
dit le « Métropolitain »
cesse d'être aérien
quand il devient souterrain.

Au contraire écoutez-moi bien
quand il sort du souterrain
tout à coup aérien
de nouveau il redevient.

Ainsi font les vers de terre
les couleuvres dans les pierres
dans l'océan les serpents
qu'on nomme serpents de mer
ainsi font après l'hiver
les verdures du printemps
les enfants hors de leur mère
hors de la nuit la lumière
et la paix après la guerre
l'existence sur la terre
et la terre dans le temps.

SUPPOSONS LE PROBLÈME RÉSOLU
OU
LA RUSE PHILOSOPHIQUE

Du Dimanche au Samedi
les jours les saisons la vie
la mort tout le tremblement,
j'ai cru que je comprenais!...

Et tant pis s'il n'en est rien
car si nous sommes trop bêtes
faisons semblant de comprendre
pour faire peur à l'Espace :

peut-être est-il comme nous
fameusement embarrassé
quand il cligne des étoiles
comme s'il avait compris.

LE DILEMME

J'ai vu des barreaux
je m'y suis heurté
c'était l'esprit pur.

J'ai vu des poireaux
je les ai mangés
c'était la nature.

Pas plus avancé!
Toujours des barreaux
toujours des poireaux!

Ah! si je pouvais
laisser les poireaux
derrière les barreaux
la clé sous la porte
et partir ailleurs
parler d'autre chose!

144

MÉTAMORPHOSES

Dans cette nuit noire
que nous fait l'Histoire
j'avance à tâtons
toujours étonné
toujours médusé :

je prends mon chapeau
c'est un artichaut

j'embrasse ma femme
c'est un oreiller

je caresse un chat
c'est un arrosoir

j'ouvre la fenêtre
pour humer l'air pur
c'est un vieux placard
plein de moisissures
je prends un crapaud
pour un encrier
la bouche d'égout

pour la boîte aux lettres
le sifflet du train
pour une hirondelle
le bruit d'un moteur
pour mon propre cœur
un cri pour un rire
la nuit pour le jour
la mort pour la vie
les autres pour moi.

LE SYLLOGISME

(Sur un air de complainte.)

Immortel est Socrate :
on parle encore de lui.
Or, Socrate est un homme,
or, on parle des hommes,
donc, immortels ils sont.

Immortels sont les êtres
qui vivent sur la terre
les bêtes, les poissons,
les plantes et les pierres,
immortelles la vie
et la réalité.
Mais moi, moi qui vous parle,
je suis fait pour mourir,
telle est la vérité.

A chaque instant je meurs
je meurs à chaque aurore
et tout ce qui revit
et tout ce qui sourit
et l'amour immortel,
ils vivent de ma mort.

Quand je ferme les yeux
je sais que la lumière
continue à briller,
quand je ferme la bouche
je sais que la matière
continue à crier.
Donc, tout est immortel,
et moi, moi qui vous parle
je suis fait pour mourir
il n'en faut pas douter.

Sur cette sépulture
où je resterai seul
laissez dormir les gens
laissez dormir les bêtes
laissez dormir les pierres
qui feignent de mourir :
moi je dors pour de bon
moi je meurs pour de bon
dans un monde immortel.

OBJETS PERDUS

Sur la cheminée de la chambre
(je la vois comme je vous vois)
il y avait deux pots bleus hollandais
avec des fleurs artificielles datant de Badinguet,
un napperon rococo en dentelle épaisse,
un obscène Çiva qui sa dame embrochait
une glace en biseau surmontée d'amours en or
et dans la glace un fleuve qui coulait.

Mais non, mais non, sacrée mémoire,
ce sont là de tes jeux ce sont là de tes tours!
Le fleuve était le Loing j'allais chez ma marraine
passer le dimanche à Moret,
le napperon
était à Lyon
chez ma grand-mère
il fut vendu après sa mort,
ces fleurs artificielles
auront fleuri cent ans chez mon autre grand-mère
dans la maison d'Orliénas,
la glace était à Paris rue Chaptal
chez mes parents (ceux dont je suis l'enfant)

149

les pots bleus sont encore chez ma mère,
en Seine-et-Marne où elle se chauffe au bois l'hiver
et le Çiva est chez ma belle-mère
qui des colonies l'apporta.
Quant à la cheminée
Dieu sait d'où elle vient,
d'une chambre d'hôtel
de France ou d'Italie,
d'une chambre d'amis?
J'ai beaucoup voyagé
et n'ai rien retenu
que des objets perdus.

LE MILLIARDAIRE

(Pour Marie-Laure.)

John apportait un plateau
sur lequel était un bateau.

Monsieur assis sur son lit
passa son habit et dit :

« Posez ça là quelque part
je termine mon cigare. »

Une heure après John revint :
la fenêtre était ouverte
dans le lit il n'y avait rien
rien non plus sous la Plante Verte
et rien du tout sur le plateau.

— Monsieur est parti en bateau.

(1934)

COMPLAINTE
DE L'HOMME EXIGEANT

Au milieu de la nuit
il demandait le soleil
il voulait le soleil
il réclamait le soleil.
Au milieu au plein milieu
de la nuit (voyez-vous ça?)
le soleil! (il criait)
le soleil! (il exigeait)
le soleil! le soleil!

On lui disait : pour quoi faire?
Il répondait : la lumière
je veux faire la lumière
sur cette sale affaire.

On lui disait : mais quelle affaire?
Il répondait : la sale affaire
la sale affaire de ma vie,
je veux toute la lumière
sur cette sale affaire.

On lui disait : votre vie?
Malheureux vous n'en avez pas

vous n'en avez jamais eu
vous avez celle des autres!
De parler de cette chose
comme si elle était à vous
quelle, quelle vanité!
Je vous conseille d'en parler!
Vous vous feriez arrêter!

Il disait : vous détournez
notre conversation
j'ai demandé le soleil
vous me parlez de police.
On lui répondait : c'est vous
c'est vous qui l'aurez voulu
vous réclamez le soleil
en plein milieu de la nuit,
demain vous exigerez
les ténèbres à midi!

« Pourquoi pas? » répondait-il,
je ne comprends rien aux heures
je ne sais pas calculer
je ne sais pas m'habituer
tout ce que je sais à présent
c'est qu'il fait une nuit d'encre
et que dans cette nuit d'encre
je-de-man-de-le-so-leil! »

Or malgré tous nos efforts
nous n'avons pu lui donner
la plus petite étincelle
de la lumière solaire
au milieu de la nuit noire
qui le couvrait tout entier.

Alors pour ne pas céder
alors les yeux grands ouverts
sur une tout autre lumière
il est mort.

CE QUI N'EST PAS

Brume et soleil voilà Paris
petit printemps comme il fait beau
songez à tout ce qui n'est pas.

Nous pourrions être anthropophages
et nous manger au restaurant,
à chaque rue à chaque pas
il pourrait s'ouvrir un abîme,
nous pourrions perdre la mémoire
les gens d'une même famille
s'égorgeraient dans les tavernes
et le soir autour de la lampe
ils ne se reconnaîtraient pas.

Le ciel pourrait être invisible
il pourrait pleuvoir des crapauds
on pourrait mourir en naissant
on pourrait mourir en aimant
le soleil pourrait être noir
et les fruits gonflés de poison.

L'eau des fleuves pourrait bouillir
et le bain serait donc mortel

et les lèvres de l'amoureuse
seraient couvertes de serpents
et dans les jours du bel été
on entendrait des voix géantes
nous annoncer qu'il est trop tard...

Mais rien de la nuit de l'esprit
ne descend jusque dans ma main
et j'aime Paris sous la brume
le petit printemps de Dimanche
le roulement des voitures
mon pas sur le macadam
mon regard dans le matin.

RENCONTRE

(Gentil. S'amuse d'un rien. Modeste, mais
espère monter en grade.)

Je vois un homme qui vient
son chapeau sur la tête.
Quel est donc ce paroissien?
Qui ça peut-il être?

Par ma foi c'est moi peut-être?
Oui, c'est moi je le crois bien :
j'avance dans aujourd'hui
mais l'autre sur le chemin
comme un reflet vers moi vient
de demain et d'après-demain.

Demain demain je SERAI
car je ne suis pas encore
Dieu que de choses j'ignore!
Je ne sais rien, rien de rien.
Je ne sais pas pourquoi les mouches
ont six pattes et non pas trois
pourquoi l'hiver il fait froid
pourquoi les dents sont dans la bouche
pourquoi le soleil paraît
pourquoi on meurt pourquoi on naît

pourquoi les chats pourquoi les rats
et cætera et cætera.

Non non je ne sais pas encore
lorsque je saurai je serai
je ne sais pas pourquoi moi
pourquoi moi plutôt que toi
pourquoi aujourd'hui et demain
et finalement quel est
cet homme qui vient vers moi
sur ce drôle de chemin.

FABLE DU TEMPS

Les scarabées avec leurs mandibules
avec leurs roues dentées les pendules
dans leur barbe sans dents les vieillards
les souris les cirons dans les armoires
en tapinois grignotent le temps
le temps le temps le temps le temps
comme font dans la nuit majestueuse et noire
autour de leur soleil les planètes portant
la Géographie et l'Histoire.

Les savants disent que le temps
des cirons et des planètes
n'est pas le même et qu'il est relatif
et que pareil aux costauds des fortifs
un temps trouve toujours un temps plus temps que lui.
Cependant le temps se déroule
qu'il soit petit ou qu'il soit grand
et c'est partout cette chose qui coule
avec les larmes avec le sang.

PRÉCISIONS

(Sermon.)

A d'autres les oiseaux qui oui oui qui chantaient...
pour moi c'était les trains en gare qui sifflaient
les wagons qui cognaient la vapeur qui soufflait.

A demain à demain les saisons différentes...
Aujourd'hui le bureau et qu'il pleuve ou qu'il vente
sous un ciel sans saison la ville indifférente.

Mais les fleuves grondants mais les bois gémissants?...
Non non c'est le moteur des autos que j'entends
le ruisseau du pavé la girouette au vent.

On voit dans les chromos de joyeuses fermières!...
Sous l'averse je vois de pauvres ménagères
ou bien c'est la putain plus loin c'est la rentière.

Dans les livres on dit que la pierre autrefois
parlait... elle est encor bourdonnante de voix
la radio ronronne et traverse les toits.

Où sont les longs loisirs et les longues pensées?
c'est de mois et de jours que je fais mes années
et les mois et les jours sont des choses comptées,

des piétinements sourds dans le fracas des rues
des rêves étouffés des marches descendues
et cette voix toujours en moi-même entendue !

Mais je veux *avouer* je veux être présent
je nomme les objets dont je suis l'habitant
ne me refusez pas ma place dans le temps.

Car si je me connais je sais ce qui me passe
si je vois ma prison je possède ma vie
si j'entends ma douleur je tiens ma vérité.

I

Étude de pronoms

O toi ô toi ô toi ô toi
toi qui déjà toi qui pourtant
toi que surtout.

Toi qui pendant toi qui jadis toi que toujours
toi maintenant.

Moi toujours arbre et toi toujours prairie
moi souffle toi feuillage
moi parmi, toi selon!

Et nous qui sans personne
par la clarté par le silence
avec rien pour nous seuls
tout, parfaitement tout!

II

Étude au téléphone

Mouvement joyeux.

Oui oui c'est moi ici ma voix ma vie
oui oui mais oui j'entends j'écoute
mais oui toujours, mais oui j'entends
oui mon oiseau oui mon soleil oui mon village
oui mon beau temps oui mes saisons
mon toit mon nuage ma vie
oui porte ouverte sur le jour!

Mouvement grave.

Mais oui mais oui, quand vous voudrez
oui mes amours oui ma raison
depuis si longtemps j'écoute
je vous entends je vous entends
oui porte ouverte sur l'été
oui mes amours quand tu voudras
de moi-même je sortirai
oui mon oiseau oui mon soleil, ma vérité!

III

Étude en de *mineur*

Le ciel était de nuit
la nuit était de plainte
la plainte était d'espoir.

Les yeux étaient de lèvres
les lèvres étaient d'aube
la source était de neige

Ma vie était de flamme
ma flamme était de fleuve
le fleuve était de bronze

le bronze était d'aiguille
l'aiguille était d'horloge
l'horloge était d'hier :

elle est de maintenant.
Maintenant est de terre
maintenant est de pierre
maintenant est de pluie.

Ma rive est de silence
mes mains sont de feuillage
ma mémoire est d'oubli.

IV

Étude en à *majeur*

Le printemps à plumets
et l'hiver à moustaches
l'automne à falbalas
et l'été à foison.

A la barbe du jour
à l'auberge des belles
à la source du temps.

Aux armes citoyens
à la porte les dieux
à notre tour de vivre.

A mon bras la douceur
à ta santé amour
le monde à ton image
à la vie à la mort.

Étude de rythme
à six temps forts

(A la récitation, les temps forts doivent être marqués avec une régularité et une insistance d'abruti.

La ligne de points représente des sons impossibles à noter. C'est-à-dire les paroles du deuxième vers récité « bouche fermée », afin d'indiquer seulement le rythme dominant, soit : une syllabe accentuée précédée de deux syllabes atones ou, plus rarement, d'une seule. Exemple : han han hán... han hán = je racónte... d'où rién.

Le premier vers doit être dit de façon à remplacer par des silences de durée équivalente, ou par un murmure indistinct, la première syllabe atone de chaque mesure : je, un, é..., qui, pour cette raison, est placée entre parenthèses.

On peut, si l'on veut, réciter tout le poème bouche fermée, ou même, à condition de respecter la cadence, renoncer complètement aux sons vocaux et les remplacer par toutes sortes de bruits : mains frappées l'une contre l'autre, coups de talon sur le sol, tambour, tambourin, etc.

L'effet est ravissant, surtout si l'on est nombreux à pratiquer cet exercice.)

. . . .

(Je) raconte (un) pays (je) raconte (un) pays (é)tranger
(je) raconte
je raconte un pays je raconte un pays étranger je
raconte

je raconte un pays étranger d'où rien n'est jamais
revenu
je raconte un pays d'où le vent de la mer n'est jamais
revenu
ni les fleuves grondant de plaisir vers les gouffres
ni l'air ni les flammes
ni les mots en secret près des murs dans la main des
amants échangés
ni l'orage des jeux de la mort ni l'ample clameur de
la haine
ni le cri ni le chant ni l'éclair du soleil sur les vitres
des villes
ni les pas ni les coups ni le bruit des volets dans les
calmes villages
ni le signe aperçu ni le tendre regard ni la voix sans
parole
ni le sang ni le lait ni la neige... Un pays étranger d'où
rien
n'est jamais revenu.

C'est là cependant que
je vis chaque jour
c'est là cependant que nous tous nous vivons chaque
jour et chaque heure :
ici-bas un pays étranger d'où rien n'est jamais revenu.

VI

Étude de voix d'enfant

Les maisons y sont là
les deux pieds sous la porte,
tu les vois les maisons?

Les pavé y sont là
les souliers de la pluie
y sont noir mais y brillent.

Tout le monde il est là
le marchand le passant
le parent le zenfant
le méchant le zagent.

Les auto fait vou-hou
le métro fait rraou
et le nuage, y passe
et le soleil, y dort.

Tout le monde il est là
comme les autres jours
mais c'est un autre jour
c'est une autre lumière :

aujourd'hui c'est hier.

I

Rengaine pour piano mécanique

(Comme un rémouleur superbe et désabusé.)

Dépêche-toi de rire
il en est encor temps
bientôt la poêle à frire
et adieu le beau temps.

D'autres viendront quand même
respirer le beau temps
c'est pas toujours les mêmes
mais y a toujours des gens.

Sous le premier empire
y avait des habitants
sous le second rempire
y en avait tout autant.

Même si c'est plus les mêmes
tu t'en iras comme eux
tu t'en iras quand même
tu t'en iras chez eux.

C'est pas moi c'est mes frères
qui vivront après moi

même chose que mon grand-père
qui vivait avant moi.

Même si c'est plus les mêmes
on est content pour eux
nous d'avance on les aime
sans en être envieux.

Dépêche-toi de rire
il en est encor temps
bientôt la poêle à frire
et adieu le beau temps...

II

Rengaine à pleurer

(Résigné mais clairvoyant.)

J'ai beaucoup appris
et tout entendu
je n'ai rien compris
et rien retenu.

J'avais entrepris
j'avais entendu
je m'étais perdu
je m'étais repris
puis j'ai tout perdu.

Quand ils ont compris
que j'étais perdu
ils m'ont attendu
ils m'ont entendu
ils m'ont confondu
puis ils m'ont tout pris
puis ils m'ont pendu.
Puis m'ayant pendu
m'ont donné un prix
un prix de vertu.

Alors j'ai compris :
tout était perdu.

III

L'homme qui n'y comprend rien

Telle chose vient
telle autre se passe
telle autre s'en va.
Ne trouvez-vous pas
qu'on n'y comprend rien?

Bien souvent les hommes
se trouvent mêlés
à leur propre vie
sans avoir compris
ce qui s'est passé.

Tenez une histoire
pas très compliquée
pourtant quel mystère!
J'étais sur le quai,
elle dans le train;
le train est parti,
et je suis resté
debout sur le quai.
Jamais depuis lors
je ne l'ai revue

je n'ai rien compris
Que s'est-il passé?
Que s'est-il passé?

Autre phénomène
j'vais vous raconter
Dieu sait où ça mène,
quelle étrangeté!
J'étais endormi,
m'voilà réveillé,
j'étais dans la nuit,
fait jour aujourd'hui,
j'étais immobile,
j'me mets à bouger,
je vais dans la rue
un homme apparaît
un instant après
il a disparu,
c'était le printemps
puis il a neigé,
puis c'était l'automne
puis c'était l'été
j'sais plus dans quel ordre
ça s'est succédé :
Que s'est-il passé?
Que s'est-il passé?

J'étais jeune et brun
j'avais des cheveux
et beaucoup de dents
j'étais mince et pâle...
Je suis rouge et blanc
je suis blanc et rouge

173

chauve et empâté
ridé, édenté,
je n'y comprends rien.
Que s'est-il passé?

Mais voici le pire
j'avais une idée
pour vous en parler
et tout en parlant
je l'ai laissé filer
Bon Dieu quelle histoire
me voilà stupide
devant vous Madame
devant vous Monsieur
N'ayant rien à dire
je vais m'en aller.
Que s'est-il passé?
Que s'est-il passé?

Comptine

(Voix d'enfant, zézaiement recommandé.)

J'avais une vache
elle est au salon

j'avais une rose
elle est en chemise
et en pantalon

j'avais un cheval
il cuit dans la soupe
dans le court-bouillon

j'avais une lampe
le ciel me l'a prise
pour les nuits sans lune

j'avais un soleil
il n'a plus de feu
je n'y vois plus goutte
je cherche ma route
comme un malheureux.

V

Chœur d'enfants

(A tue-tête et très scandé.)

Tout ça qui a commencé
il faut bien que ça finisse :

la maison zon sous l'orage
le bateau dans le naufrage
le voyageur chez les sauvages.

Ce qui s'est manifesté
il faut que ça disparaisse :

feuilles vertes de l'été
espoir jeunesse et beauté
an-ci-en-nes vérités.

Moralité.
Si vous ne voulez rien finir
évitez de rien commencer.
Si vous ne voulez pas mourir,
quelques mois avant de naître
faites-vous décommander.

La place de la concorde

Il n'y avait ce jour-là
il n'y avait ce jour-là
que deux personnes dans Paris
dans Paris
un petit Monsieur à Montmartre
une petite dame à Montsouris
à Montsouris.

Du sud au nord du nord au sud
de bon matin ils sont partis
sont partis
sur la place de la Concorde
sur la place de la Concorde
ils se sont rencontrés à midi
à midi.

Bonjour Monsieur bonjour Madame
bonjour Madame bonjour Monsieur
ah je vois bien dit-il dit-elle
c'est pour ça que nous étions partis
étions partis.

Mais nom de nom dit-il dit-elle
mais où sont donc les habitants?
les habitants?

Elle lui répond il lui répond :
chacun mon bon chacun ma belle
chacun croit qu'il n'y a personne
sinon l'amour de lui pour elle
sinon l'amour d'elle pour lui,
d'elle pour lui.

C'est ainsi mon bon ma belle
c'est ainsi ma belle mon bon
c'est ainsi qu'il n'y a personne
c'est ainsi qu'on est des millions
des millions.

La belle fête

L'étoile qui tombit
— Pardieu la belle fête!
l'étoile qui tombit
le cheval qui sautit
le fleuve qui coulit
ils m'ont donné à rire
ils m'ont donné à rire
Bell'dame!
à rire et à chanter.

La branche qui cassit
— Pardieu la belle fête!
la branche qui cassit
le cheval qui chutit
le char qui se rompa
le pont qui s'écroulit,
ils m'ont point tant fait rire,
ils m'ont point tant fait rire,
Bell'dame!
tant rire que trembler.

La dame qui passit
— Pardieu la belle fête!

la dame qui passit
la main qui se tenda
le baiser que je pris
m'ont donné à sourire
m'ont donné à sourire,
Bell'dame!
sourire et oublier.

Et ceux qui s'en allit
— Pardieu la belle fête!
et ceux qui s'en allit
qui s'en allit d'la fête
et ceux qui s'endormit
avant la fin de la fête
ils m'ont donné à dire
à dire et à rien dire
Bell'dame
rien dire et puis pleurer.

A la Saint-Jean d'ici
— Pardieu la belle fête!
A la Saint-Jean d'ici
comme j'étions venu
la tête et les pieds nus
je m'en repartirai.
A la fête d'ici
j'étions venu pour rire
j'étions venu pour rire
Bell'dame!
et pour m'en retourner.

Une voix
sans personne

(1951-1953)

Qu'elles soient transparentes ou opaques, humbles ou chamarrées d'images, nos paroles ne contiendront pas plus de sens qu'un souffle sans visage qui résonnerait pour lui-même sur les débris d'un temple ou dans un champ superbement désert depuis toujours ignoré des humains.

Ainsi, qu'il laisse un nom ou devienne anonyme, qu'il ajoute un terme au langage ou qu'il s'éteigne dans un soupir, de toute façon le poète disparaît, trahi par son propre murmure et rien ne reste après lui qu'une voix, — sans personne.

I

Comme si...

Comme si les cailloux roulaient sans mon regard
depuis cent mille et cent mille années,
comme si je n'étais pas né pour savoir
ce que racontent les sillages des navires
les ornières des routes la Voie Lactée les veines obliques
    de la terre
et les secrets gardés par les tombeaux,
comme si hors de moi tu montais ô superbe
ô triomphe ô soleil
dans tes maisons de mort et la désolation du ciel pâle,
comme si rien n'était pour mes yeux pour mes pas
    pour mes lèvres
et comme si personne au monde n'était là
pour descendre des monts à ma rencontre
dans un frémissement de troupeaux et de battements
    d'oriflammes
et de mains vers mes mains et de voix par le soir et la
    fumée,
comme si je n'étais jamais venu dans ce royaume !...

   * Variations sur deux locutions mallarméennes.

Comme si tu vivais pour renaître ô ma vie
sans fin tout autour de toi-même à la façon
du cycle des saisons des songes du sommeil,
comme si j'étais là depuis l'aurore de ce monde
pour protéger les premiers souffles
tremblant sur les prairies, comme si
j'allais d'un pas de père ardent et calme
dans le sens du destin vers l'accomplissement,
comme si je n'avais redouté ni cette heure
présente, avec sa charge de futur ni la mémoire
des supplices dans les marais ensevelis pour le seul
   murmure des roseaux
ni la dernière fleur avant la nuit totale,
comme si j'étais là pour toujours!

Quand bien même...

Quand bien même je verrais de mes yeux
les ancêtres peints sur les tableaux
descendre de leur cadre et marcher dans l'épaisseur du
 monde

Quand bien même je verrais de mes yeux
les routes de la terre se lever dans le ciel
gracieuses et penchées comme des jets d'eau

Quand bien même j'entendrais le soleil
(comment, lui? oui le soleil le soleil)
me parler à voix basse m'appeler par mon nom

Quand bien même je prendrais tout à coup la stature
et le silence et la pesanteur d'une maison

Quand bien même j'aurais trouvé la clé
du grand tunnel qui traverse le globe
et je commencerais la lente glissade le long des parois

Quand bien même je verrais de mes yeux
grouiller l'Autre Côté des choses

quand bien même quand bien même quand bien
    même...

— je croirais toujours à la sainte Réalité
qui partie de nos mains s'enfonce dans la nuit.

LES FEMMES DE MÉNAGE

Le ciel c'est moi Je sais que mes pauvres étoiles
par le chagrin du temps longuement attendries
vieillissent par degré Ce sont elles que je vois
silencieuses anonymes les genoux pleins de poussière
tôt le matin laver l'escalier quand je viens
accrocher aux murs gris de l'éternel Bureau
mon avare sommeil mes réserves de songe
A l'arbre qui vieillit aussi dans le jardin
j'ai dit cent fois j'ai dit mille fois : je connais
j'ai dit : je sais je me souviens c'était hier
tout l'espace! Ma vie est là dans vos ramures
ma vie est là dans les dossiers ma vie est là
qui s'en va par le téléphone et qui me parle
ma vie est là dans les portes ouvertes
sur le crépitement des lampes le soir
                                        Ah oui
vieilles vieilles étoiles, blancs cheveux poussière
femmes du pauvre ménage de l'aube
puisque c'est moi qui vous le dis je vous protège
nous vieillissons ensemble J'ai compris je sais tout
d'avance car le ciel c'est moi Il faut attendre
et se taire comme tout se tait, je vous le dis.

LES PORTES DE L'INANIMÉ

J'ai peur de voir saigner les entrailles du jour
O soleil ne deviens pas sensible comme nous
O terre n'entends pas ne parle pas reste repliée
sur ton opacité, reste sourde et sans conscience!
Espace ne sois pas comme une femme qui enfante
qui souffre qui gémit! O nuage, poisson
qui change à chaque instant de forme en avançant
j'aime l'illusion de liberté que tu te donnes
mais il me plaît de savoir
que ton voyage est sans désir
et je suis rassuré par ton indifférence.

Voici mon sommeil emmêlé de songes à vif
moi je suis le rocher qui souffre
la table comme un bœuf à sa tâche liée
arbre je suis dans la haine et l'amour en plein vent
j'entends je vois je me souviens
forçat de mes enfers terrestres
j'essaie en vain de rassembler
les fragments énormes d'un monde qui se disperse
et mes mains éternellement moribondes
rament dans l'air où tout se tait.

Écoute
Écoute à ton tour silence du monde inanimé
c'est ta propre voix qui te parle à voix basse
la lourde porte va tomber
et moi j'aurai bientôt échangé ma douleur
contre ta cécité
j'aurai rejoint le grand soleil
où les ténèbres minérales
se consument sans se plaindre.

Je suis celui qui habite aujourd'hui parmi vous
l'un de vous. Mes souliers vont sur le goudron des villes
tranquillement comme si j'ignorais
que le sol n'est qu'une feuille mince
entre deux étendues sans couleur et sans nom.

Moi cependant qui parle j'ai un nom
je suis celui qui est là parmi vous l'un de vous
ma bouche parle mes yeux voient mes mains
   travaillent
innocent! comme si j'ignorais que ma peau
n'est qu'une feuille mince
entre moi et la mort.

Je suis celui qui ne regarde pas plus haut que les toits
plus loin que l'horizon parallèle des rues
Le soleil qui se casse aux carreaux avares
me cache le sommeil étoilé du monde
où je n'ai que faire, homme de ce côté-ci.

Mon espoir ah tout mon espoir est parmi vous
près de vous près de moi je n'ai pas honte

190

de commencer dans les piétinements
(j'ai rêvé d'un désert où j'étais seul
mais comme j'étais seul je ne pouvais me voir
je n'existais donc plus le sable entrait en moi)

Ici je suis bien j'écoute on cause
dans la pièce à côté
et toujours cette voix même si elle change
c'est toujours vous c'est toujours moi qui parle.

Que dire encore? Nous vivons d'un verre d'eau
tiré au robinet de la cuisine
et de la vie et de la mort continuelles

dans un monde éclatant immortel
givre du temps acier des anges
pluie et feux inhumains aux quatre coins du ciel.

LES MOTS ÉGARÉS

Je marchais par une nuit sans fin
sur une route où luisaient seules
des lueurs agitées délirantes
comme les feux d'une flotte en perdition.

Sous la tempête mille et mille voix sans corps
souffles semés par des lèvres absentes
plus tenaces qu'une horde de chacals
plus suffocantes qu'une colère de la neige
à mes oreilles chuchotaient chuchotaient.

L'une disait « Comment » l'autre « Ici »
ou « Le train » ou « Je meurs » ou « C'est moi »
et toutes semblaient en désaccord :
une foule déçue ainsi se défait.
Tant de paroles échappées
des ateliers de la douleur
semblaient avoir fui par les songes
des logements du monde entier.

« Je t'avais dit » — « Allons! » — « Jamais! »
« Ton père » — « A demain! » — « Non, j'ai tiré! »

« Elle dort » — « C'est-à-dire... » — « Pas encore »
« Ouvre! » — « Je te hais » — « Arrive! »

Ainsi roulait l'orage des mots pleins d'éclairs
l'énorme dialogue en débris, mais demande et réponse
étaient mêlées dans le profond chaos;
le vent jetait dans les bras de la plainte la joie,
l'aile blessée des noms perdus frappait les portes au
    hasard
l'appel atteignait toujours l'autre et toujours le cri
    égaré
touchait celui qui ne l'attendait pas. Ainsi les vagues,
chacune par sa masse hors de soi déportée
loin de son propre désir, et toutes ainsi l'une à l'autre
inconnues mais à se joindre condamnées
dans l'intimité de la mer.

EXORCISMES

Mon ennemi votre ennemi c'est vous
c'est moi. Le criminel
dort d'un poing menaçant S'est-il caché
dans mon infâme faiblesse? A-t-il pris
le masque d'un moment du jour? Est-ce une main
sa main que je vois bouger dans les feuilles?

                                        Ah pitié

non pour lui mais pour moi qui suis sa proie!
Justice pour celui qui voulait être
un seul et qui se perd, comme en tombant de la falaise
un roc devient le sable et l'écume et le ciel.

Un seul je suis, je veux être un et je suis toutes choses
un seul je vais à ce miroir et ne vois rien
qui porte un nom, mon nom je ne vois rien
qu'un toit de zinc un arbre aux yeux de loup
un meuble sournois et cruel une vitre
par une branche heurtée, ou simplement
une qualité d'air une couleur
une vibration du silence
comme si tout était là depuis toujours sans moi...

Oh pas à pas si je n'ai conscience
ni de moi-même ni de l'Autre
si le présent passe à travers mon ombre
s'il n'y a plus d'horreur ni de perfide espérance
si la fièvre est passée,
— tant mieux, ô secourables formes sans figures!

Je sais que l'ennemi ce soir
ne prendra pas pour me terroriser
les traits de mon propre visage
J'écoute un peu de vent secouer
dans le jardin un peu de pluie un peu d'obscurité

Tout s'absente
et s'apaise
moi-même je
ne suis plus
rien
qu'une parcelle
du
temps.

Alors alors
encore? Alors
toujours dans le jour
mon petit? Toujours dans le
petit jour du dernier
du dernier jour du condamné
à mort le petit jour?

Toujours dans le
petit jour du condamné à mort
je suis j'étais
je suis j'étais le grincement
de poulie du gosier
dans la gorge coupée
par le pourquoi comment du printemps

A mort le petit jour du premier lilas
du pourquoi comment du pourquoi pas
de la gorge pourquoi de la gorge coupée du printemps
du grincement de la poulie du printemps
de la nuit de la gorge coupée
du petit jour du lilas de la mort
de la mort de pourquoi comment.

Et pourquoi pas toujours?
Et pourquoi pas toujours j'étais je suis
toujours j'étais toujours j'étais
toujours tiré tiré tiré tiré vers le petit jour
par le pourquoi comment
du gai toujours du gai printemps

toujours mon petit toujours!

LE TOMBEAU DE HÖLDERLIN

Le jour le jour bourdonne de reproches confus
La nuit se plaint et se plaint
elle se plaint sans dire pourquoi

Le soleil qui se lève
nous parle comme un père
mais nous n'écoutons pas ses conseils

L'espace est habité de feux sans nombre
qui nous adressent des signaux incompréhensibles
et le temps longuement
inquiète notre mémoire
comme un visage impossible à retrouver.
Seul après de longs jours de marche
souvent je vais au pied de ce théâtre d'ombres
et devant la scène déserte
je veille le cœur serré
appelant sans écho
ces grands acteurs qui depuis cent mille ans
règnent sur notre ingratitude
et parlent sans se faire entendre.

Forêt, pourquoi te taire encore?
Éveille-toi et marche! Ciel,
pourquoi fermer les yeux dans le plein jour?
Mélange aux chaînes d'or du soleil
les trésors cachés de ta Nuit! Revenez
près de nous, lointains espaces! Que les temps
soient mêlés et que tout,
passé présent futur, soit ensemble donné
à l'indomptable esprit qui vous espère
et vous attend!...
                    Et si, de ce tumulte,
sort une voix unique, doucement
dominant le tonnerre, et ce Sourire
plus fort que le combat mortel des éléments,
alors, que nous soyons instruits enfin
de cette paix inaltérable
dont la semence est dans l'esprit des hommes
depuis le premier jour!

Mais nul ne trouve en lui d'autre réponse
que le bruit de son cœur, et toujours le silence du
    monde
paraît seul annoncer la parole, et toujours,
en nous, des voix immenses vont s'affaiblissant,
avec le souvenir de la Promesse,
comme un orage qui s'éloigne!

MEDIUM ANONYME

Comme qui n'a rien vu et fait l'aveugle
ou bien n'était pas là et fait le sourd
comme qui n'a pu vivre et fait le mort

comme qui au spectacle fut présent
mais s'en va sans rien dire et qui a su
le grand péril mais ne se fait entendre

mes propres mains de victime s'effraient
de reconnaître à tâtons sur ma face
quelqu'un de redoutable et d'oublié.

S'il n'est pas moi qu'est-il donc? Ciel et cendre
dans les caveaux de mon crâne engouffré
et si c'est moi... souviens-toi de l'abîme,
parle! mais parle un langage inconnu!

Rien, — ou toi-même, — accueille le transfuge!
Absence pour absence mot pour mot
(tel par le sens que la feuille qui bouge)
donne ta voix à l'hôte épouvantable
qui n'a de corps ni d'âge ni de lieu.

Son masque? C'est ce cri que nul n'entend
un long couteau le creuse et le profère
par le désert qui hurle où je me tais

Car ce sont les charrois les ans les astres
les morts amoncelés l'eau des citernes
le train fou des énormes silences
qui font écho dans un être sans nom.

De son chacun nuage environné fatal
il comme un autre je à soi-même impossible
louvoyait, son récif son vaisseau son fanal
sa proie enfin! sanglante à se donner pour cible.

S'il va ceindre l'amour sombre armure étoilée
au malheur plonge un œil affolé de supplice
ou de naïf plaisir brille et tremble rameau,

il veille et rêve noir et blanc voici l'année
aux quatre coins du ciel les clous du sacrifice
inutile! Le vent disperse le tombeau.

*

Nuit blanche de mes jours retenant tes fuyantes
entrailles, je reviens sur ma trace, le cri
dans la gorge enfoncé comme bête mourante
près du puits du matin que la vitre tarit.

C'est bien là c'est bien là que, la face inconnue
et seul sur un radeau par le crime égaré
épave dans mes bras je serre une statue
qui m'aime les yeux clos sur d'immenses clartés.

« Que crains-tu donc, me dit cette femme de neige,
est-ce toi est-ce moi que la mort atteindrait?
Le désordre l'absence et l'oubli nous protègent
tout à l'heure la mer sur nos fronts ruisselait! »

Roc je surgis, vague je dors, bateau je sombre
au secours un bâillon sur la bouche mes mains!
Mais non voici le sol j'aborde sans encombre
toujours le même comme un autre se souvient.

Sur les ruines du temps que l'Espoir me survive,
à nous l'or immortel des royaumes perdus!
Le fardeau que je porte est mort avant la rive

Le soleil qui me luit n'est jamais apparu.

LE MONDE IMMOBILE

Puits de ténèbres
fontaine sourde
lac sans éclat

présence épaisse
battement faible
l'instant est là

rien ni personne
une ombre lourde
et qui se tait

j'attends des siècles
rien ne résonne
rien n'apparaît

sur ce tombeau
l'espace bouge
c'est ma pensée

pour nul regard
pour nulle oreille
la vérité.

NOTES D'UN HOMME ÉTONNÉ

Je suis né sous de grands nuages
et toi aussi, sous les nuages
et nous voilà.

★

Souvent elle est ici
tout comme je vous vois
L'instant d'après elle est plus loin
elle chante dans une rue voisine
C'est l'étendue, Monsieur, l'étendue!

★

A midi lorsque rien ne meurt
plus d'une feuille
à son ombre se superpose
Moi je suis égaré dans ce long paysage
né de la lumière de mes yeux.

*

Toutes les plantes ce matin
toutes les bêtes et tous les hommes
sont sortis d'une seule maison
ils se divisent sur les routes
il n'y a rien au-dessus d'eux
que la lumière.

*

Celui qui a passé la mer
et celle qui fait peu de chemin
et tous les autres
nous bougeons comme les doigts de la main.

*

Les meubles craquent
Le palier crie
Qu'est-ce donc qui s'en va?

*

L'ombre grandit comme les morts
Entre le jour
et la nuit
j'hésite

*

Ne tremblez pas ainsi! Les portes
l'une après l'autre
se sont fermées :

il va venir.

*

Mais non vous ne souffrirez pas
Ce ne sera qu'un seul instant
D'ailleurs nous serons près de vous.

*

Bien que je ne sois pas de la danse
ne me chassez pas sans savoir.
Plus qu'un seul mot
et je m'en vais.

PETITE SUITE VILLAGEOISE

I

Les délégués du jour
auprès de ce village
ce sont les espaliers solennels :
une poire dans chaque main
une pomme sur la tête
Entrez entrez Messieurs les Conseillers!

II

Quelle couleur aimez-vous :
le bleu le vert le rouge
le jaune qui saute aux yeux
le violet qui endort?

— J'aime toutes les couleurs
parce que mon âme est obscure.

III

Autrefois j'ai connu des chemins
ils se sont perdus dans l'espace
je les retrouve quand je dors
je vais partout rien ne m'arrête
ni le temps ni la mort.

PASSANT QUI RENTRE RAVI

Passant qui rentre ravi
d'accord avec Mars inégal
voici voici que j'entends
un chant secret mais non triste

Le même toujours le même
depuis mille ans que je vis
c'est toi, présence paisible,
qui parle et parle à voix basse

Un geste un souffle et les choses
un mot un signe et les êtres
perdent leurs formes de fer,
— ce mot c'est toi qui le donnes

Par toi le jour dans leur ombre
se glisse, par toi l'écho
mes yeux font la nuit légère
les corps les murs transparents

Je suis la rencontre obscure
je vais je viens je connais

la terre dort dans mes mains
le temps c'est moi c'est ici

C'est moi c'est vous et les heures
le ciel la rue et le vent
chacun chacun comme nous
regarde entend et s'étonne

Printemps probables délices
espace ruses clartés
visage de vie et de mort

— je parle à des lèvres scellées.

L'ILE DE FRANCE

J'errais près de ton visage
peupliers canaux et palais
à travers les toits les nuages
tu parlais bas je t'écoutais

J'errais près de tes rivages
tu n'étais que sourire et sommeil
tes rochers tes mains tes orages
me lançaient de songe en soleil

Tu passais à travers des peintures
un peuple d'ombres t'aimait
tables mises tendres figures
— dans l'angle un poignard luisait

Cocardes canons et tambours
quand vint la Nuit j'étais prêt
on m'étendit sur le velours
moisson prairie et forêt

Je m'endormis à ton murmure
les gens et les bêtes chantaient
le délire de la mesure
la mort le silence la paix.

MIDI

Comme autrefois dans mes trop chères ombres
aujourd'hui sous les eaux du soleil
je plonge... Qu'est-ce que c'est que ce rire
qui m'appelle, quelle est cette saveur de l'air
et ce sol bleu marbré de taches de clarté
dans ce port de pêcheurs? — Ne réponds point
si j'interroge! C'est « ainsi », c'est pour parler, il n'y a
                                                        pas
de réponse au pourquoi du plaisir
non plus qu'à celui de l'angoisse, car je sais
et j'entends et j'entends...

                    Ah! Que plus loin le vent
                         incline
au bord du gouffre l'aile rouge d'un voilier,
que le lait de la lumière, faible surface,
couvre les profondeurs de la nuit, que la mort
soit plus près que partout dans les fournaises de midi,
je ne peux l'oublier, mais ma vie
est pareille à ce jour : l'enfer sous le sourire,
l'un ne le cède point à l'autre en Vérité
et mes yeux et mon corps

se consumant sous un ciel sans rêves
sont faits pour vous connaître et pour vous ressembler,
éclairs de ce qui bouge
à travers les paupières
arbres rougis au feu
reflets au flanc des barques
pierre brûlante aux mains.

Méditerranée, août 1952.

Histoires obscures

(1955-1960)

LES FLEURS DU PAPIER

Je t'avais dit tu m'avais dit
je t'avais dit je t'avais dit tu m'avais dit
je t'avais dit tu m'avais dit je t'avais dit tu m'avais
   dit je t'avais dit

— Oh comme les maisons étaient hautes!
Oh comme le vieil appartement sentait la poussière!
Oh comme il était impossible à retrouver
le temps du soleil le temps du futur, des fleurs du
   papier!

Je t'avais dit tu m'avais dit
je t'avais dit je t'avais dit tu m'avais dit.

Des gens pourchassés par leurs rêves,
en plein sommeil en pleine épouvante s'assemblent
sur quelque terrain vague ouvert au flot
des égouts, plus noir que la nuit.
« Moi, — dit l'un, — je courais et le chien m'a mordu
« mais la voisine était déjà mourante
« un cheval m'emportait le bonheur m'attendait... »

L'autre gémit : « Je sortais de mon corps,
« je changeais de maison de visage
« je ne sais qui j'étais,
« pourtant j'ai cette bague au doigt
« en la voyant je pleure sans comprendre. »

Et tous à moitié nus riant à perdre haleine
plus loin se forme un groupe grelottant
d'avoir découvert un trésor
sur les pavés où rien ne brille
qu'un éclat de bouteille
émeraude et saphir dans le sang du ruisseau.

Ainsi vont les uns et les autres
poussés par le souffle du songe
qui les emporte à la dérive.

L'ENFER A DOMICILE

Dans le secret d'un couloir obscur
au fond d'une glace incertaine
un homme rencontre son image.

Tel il se voit tel il voudrait être,
fier joyeux triomphant
et surtout jeune, ah comme un dieu!

Mais l'image s'efface et se perd
au bruit des tuyaux gémissants
et tout à coup le cœur lui manque :

dans la glace (qui tremble un peu
à chaque voiture qui passe)
paraît un nouvel habitant
lentement lentement se dégageant,
une sorte de chien au dos rond
qui vers le ciel carré de la cour
hurle à la mort et jette un regard plein de larmes

PROCÈS-VERBAL

Cet individu était seul.
Il marchait comme un fou
il parlait aux pavés
souriait aux fenêtres
pleurait en dedans de lui-même
et sans répondre aux questions
il se heurtait aux gens, semblait ne pas les voir.

Nous l'avons arrêté.

UNE FEMME UN OISEAU

L'oiseau très grand qui survolait la plaine
au même rythme que les creux et les collines,
longtemps nous l'avions vu planer
dans un ciel absolu
qui n'était ni le jour ni la nuit.
Une cigogne? Un aigle? Tout ensemble
le vol silencieux du chat-huant
et cette royale envergure
d'un dieu qui se ferait oiseau...

Nos yeux un instant détournés
soudain virent descendre la merveille :
c'était la fille de l'aurore et du désir
ange dans nos sillons tombé avec un corps
plus féminin que l'amour même et longue longue
posant ses pieds à peine sur le sol car le vent de ses
    ailes
la soulevait encore. Enfin le lisse et blanc plumage
sur cette femme de cristal se replia. Elle semblait ne
    pas nous voir
ni s'étonner qu'un lac
au-devant de ses pas s'étendît... déjà

elle y plongeait en souriant pour elle-même
heureuse de se souvenir
des éléments antérieurs
et d'un temps sans limite... Elle ourdit dans cette eau
  transparente
les signes d'un langage inconnu
puis s'ébrouant, cernée de perles,
de nouveau brillante et glacée,
elle frappa du pied la terre... Telle je la vois encore
légèrement inclinée en avant
et déjà presque détachée,
telle nous l'avons vue monter et disparaître dans
  l'azur.

C'est depuis ce temps-là que je sais
par quel subtil vouloir et quels secrets mouvements
nous pouvons voler quand tout dort.

LE BOURREAU D'ENFANTS

L'enfant terrifié mit son bras sur ses yeux,
mais l'Homme à chaque pas plus grand descendait.
L'enfant à son secours appela
tout ce qui est visible et invisible. Mais l'Homme
à chaque pas plus large et plus pesant
criait : « Tu ne devais pas voir et tu as vu,
tu vas mourir! » — et son poing se dressait et ses yeux
    flamboyaient.

L'enfant fit un dernier effort
pour se détacher de ce monde
et comme le bourreau allait l'atteindre
il devint la fumée d'un feu de branches
et par le vent fut délié.

Alors le vagabond sur l'herbe froide vacilla
secoué de sanglots.

CHRONIQUE

... Et comme il refusait d'avancer
il fut abattu sur le seuil
à coups de crosses de fusil. D'autres,
pour avoir essayé de fuir,
tombèrent au-delà des collines. D'autres encore,
tirés hors du lit au petit jour
furent enfermés dans des granges
et le fracas du feu étouffa leurs cris.
Dans la ville on mourait pour avoir parlé,
ailleurs pour avoir gardé le silence
et l'aube se leva sur une terre calcinée,
la pluie et la fumée et les débris
avaient effacé les frontières,
causes de tout le mal.

      Cependant,
de l'autre côté de la mer,
alors que de nouveaux massacres
couvaient lentement sous la cendre des ancêtres,
les jeunes filles chantaient dans les églises.

            (1948)

MAUVAISE MÉMOIRE

... Mais quel était ce souffle aux pavés de l'aurore?
Quelle était cette odeur de légumes jetés
ce linge au noir balcon comme un signal glacé?
Quel était ce regard qui me surveille encore?

Mais quelle était mais quelle était dans cette ville
cette fumée? et ce silence? et tout à coup
ces heurts, ces coups de feu de bataille civile?
Quelle était la clameur qui venait jusqu'à nous?

Quel était votre nom quel était mon visage?
Que faisions-nous ainsi l'un à l'autre inconnus?
Sans savoir qui je suis sans savoir qui je fus
je revois une main qui se tend sous l'orage

un visage qui pleure, une porte fermée.

(1945)

LES DEUX GISANTS

Ils descendaient au fil de l'eau
les deux gisants les deux amants
dans le sourire de la mort
et la lumière de l'amour
était leur seule barque.

Entre l'espace qui les porte
et le temps qu'ils ont dépassé
ils avançaient sans avenir
et les gestes de la rivière
étaient leurs seuls mouvements.

O morts enfermés dans la vie
emportant la terre et le ciel
dans vos yeux grands ouverts,
ô figures inaltérables
d'un instant sans retour!
Unis apaisés et semblables
au fond de moi ils passent sans bouger
Je les contiens puisque je suis le fleuve
je les comprends puisque je suis la nuit

226

dans mon silence j'ensevelis
un rire un soleil éclatants.

(1955)

LE MALHEUR

Nuit gluante au cœur pauvre de la ville.
A la lueur d'un réverbère, près d'une porte
un homme écrit pour se délivrer.
Il écrit à quelqu'un qui n'est personne
il dit l'horreur de sa vie
la misère sans rémission
l'effort et la fatigue et l'injustice
la cruauté des maîtres, le subtil infini des tortures
et déjà parce qu'il se parle à lui-même
et qu'il écoute avec pitié sa propre plainte,
quelque chose comme une aurore
sur son front maigre commence à poindre.

Mais un couteau luisant rampe le long du mur
    et lui tranche la main.

« Attention! — s'écria l'un de nous. — Un nuage! »
Un nuage en effet mais roulant sur la route sans hâte
de notre côté s'avançait. Il n'était pas plus haut qu'un
    homme,
il n'était pas chargé de cris
ni d'armes ni d'éclairs. Il était pâle impénétrable et
    doux
dans la clarté de l'aube... Et nous nous arrêtâmes
sur le bord du chemin pour le laisser passer.

C'est alors que nous entendîmes
le piétinement du troupeau et que nous avons vu
sous les gestes légers du nuage
qui semblait leur montrer la route
marcher d'un front têtu vingt béliers plus grands que
    nous
recouverts d'une laine épaisse et blanche
brillante comme la soie. Aucun berger.
Les béliers ne parlaient pas mais ils savaient où ils
    allaient
et jusqu'au moment où leur troupe
eut passé le tournant du chemin
nous aussi nous avons gardé le silence.

Est-ce une bête ou un homme? Il court,
épouvanté, hagard, entre les ronces,
les souliers lourds, le visage et les mains
ensanglantés. Des cloches sonnent dans sa tête
et le goût de la mort est dans sa bouche.

Où aller? Vers la gauche? Les branches craquent sous
   des bottes.
Vers la droite? Les chiens grondent. Et, devant lui,
des balles font jaillir l'eau des flaques.

Alors il fonce. Au hasard. La clairière,
blanche sous le soleil, apparaît. Hélas, pas d'ombre!
Pas un fossé, pas un arbre, pas le moindre
abri où s'écrouler avant que viennent les bourreaux!
Déjà les aboiements, de plus en plus nombreux et
   proches, retentissent
et tout à coup, là, là, dans l'herbe haute,
un des chasseurs se lève et tire! Un autre
un peu plus loin, puis deux, puis dix, puis cent.
L'horizon fourmille et scintille
de casques, de fusils, de baudriers,

d'éclairs de mitrailleuse. L'homme tombe,
rebondit, fait quelques pas, chancelle,
déchiqueté, poussière de sang noir
et s'abat. immobile enfin, tandis que grince,
quelque part, un clairon nasillard.

Mille hommes pour la mort d'un seul? Ai-je rêvé?
N'était-ce pas plutôt,
dans un vallon touché par le soleil d'automne,
le grincement d'un chariot,
l'éclat luisant des pommes
et les haillons d'un épouvantail
secoué par le vent paisible?...

(1952)

La mer s'enfuyait devant lui
avec sa traîne de dentelles bruissantes
emportant ses bijoux ses voiles ses cailloux.

Il courut d'abord vivement
joyeusement, le vent du large
entrait dans ses poumons. Mais la frange d'écume
toujours courait un peu plus loin,
menu murmure d'ironie.

Comme un chasseur à la poursuite
d'une bête démesurée
il courut il courut longuement longuement
jusqu'à perdre le souffle et gagner le délire.
Le soir était tombé. Vint la nuit. Mais les vagues
avaient continué leur fuite dans le vent.
On eût dit que la mer
avait oublié sa coutume
son rythme son repos ses soupirs ses marées.
Alors il courut haletant,
le cœur sur le point de se rompre,
le front près d'éclater, les pieds en sang.

Mais toujours mais toujours l'horizon reculait
et dans les astres se plongeait.

La nuit passa puis vint la première aube
une seconde nuit un second jour
et pendant douze jours et douze nuits
pour atteindre la mer il courut vainement.

Un soir cette plage sans fin
peu à peu descendant les rampes du soleil
l'entraîna jusqu'au fond des fosses bourdonnantes
d'un grand théâtre abandonné
où des foules de gens
en habits d'apparat couverts de coquillages
chantaient sans voix, dormant debout.

Quand les premiers accords sonnèrent dans l'or-
    chestre,
alors la mer cessa de fuir devant cet homme
et sur lui referma lentement
sa robe immense et maternelle
et l'odeur de l'amour et le bruit des cailloux.

MÉMOIRE MORTE

Près des lambris dorés des bureaux
où les corridors filent dans les miroirs sans fin
chaque porte, chaque pilier
cache un tueur qui s'ennuie et bâille :
le temps est long et le gage est mince.

Cependant au-dehors dans l'ombre des immeubles
plus d'un portail abrite de la pluie
une femme debout brillante comme une vitrine
qui regarde avec des yeux vides.

— Allô!... — Oui c'est moi!... — Il est temps!...
— Écoutez... Où êtes-vous?... Où êtes-vous?...
— Qui parle?... qui est là?... Je n'entends pas!...
La mer a roulé par ces avenues :
demain le sable sous le pas des caravanes.
Alors l'archéologue dans les roches
confondra nos siècles et nos jours
et la conque d'un téléphone rouillé
ne lui livrera aucun secret
sur le bourdonnement de nos paroles.

NATURE

C'est un oiseau qui s'approche en pleurant
c'est un nuage qui parle en rêvant
un rocher roule pour passer le temps
un roseau s'admire dans le miroir d'un étang
les arbres de la forêt
sont là comme des gens et des gens.
Tout cela fait une foule qui attend.
— mais l'homme, — absent, absent, absent...

ÉTAIT-CE LE SOLEIL?

Il rayonnait hors de l'espace, — dans le Temps.

On ne pouvait le voir qu'en fermant les paupières.

On y entrait par un dédale de souvenirs.

On en sortait béants sur l'abîme futur...

C'était cet astre fou ce monstre irradiant,
ce puits sempiternel d'horreur et de chaleur
qui hurle dans le ciel au milieu de sa meute,
cet énorme et cruel démon, — dont le souci
est la croissance des jacinthes.

LE MASQUE

Un lourd objet de bronze creux
en forme de masque aux yeux clos
s'élève lentement et seul
très haut dans le désert sonore.

Jusqu'à cet astre vert, à cette Face
qui se tait depuis dix mille ans,
sans effort je m'envole,
sans crainte je m'approche.
Je frappe de mon doigt replié
sur le front dur sur les paupières bombées,
le son m'épouvante et me comble :
loin dans la nuit limpide
mon âme éternelle retentit.

Rayonne, obscurité, sourire, solitude!
Je n'irai pas violer le secret
je reste du côté du Visage
puisque je parle et lui ressemble.
Cependant tout autour la splendeur c'est le vide,
brillants cristaux nocturnes de l'été.

Tout en intitulant cet ouvrage Le Fleuve caché, *image qui évoque un aspect essentiel de sa vision poétique, l'auteur a cru devoir retirer du présent recueil la plaquette de poèmes portant ce titre, — la première qu'il ait publiée (1933).*

Il se propose de rééditer ultérieurement cette plaquette accompagnée de nombreux inédits datant de sa jeunesse.

LA VIE ET L'ŒUVRE DE JEAN TARDIEU

Né en 1903 à Saint-Germain-de-Joux (Jura). d'un père peintre (Victor Tardieu. 1870-1937) et d'une mère musicienne.

Études à Paris : lycée Condorcet, puis Sorbonne (licence ès lettres). Suit. dès 1923. les « Entretiens d'été » de Pontigny. où ses premiers écrits poétiques sont remarqués par Paul Desjardins, André Gide. Roger Martin du Gard. Premiers poèmes publiés par Jean Paulhan, en 1927, dans *La Nouvelle Revue Française.*

Rédacteur aux Musées nationaux. puis chez Hachette jusqu'en 1939. Mobilisé en 39-40. Participe aux publications clandestines de la Résistance et entre. dès la Libération. à la Radiodiffusion française où il exercera les fonctions de chef du service dramatique. puis de directeur du « Club d'essai ». du « Centre d'études ». du programme « France-Musique ». enfin de conseiller de direction. jusqu'à sa retraite.

1932. Mariage avec Marie-Laure Blot. qui fera une carrière brillante de chercheur en biologie végétale (directeur de laboratoire à l'École pratique des Hautes Études).

1933. Publication. dans la revue *Mesures.* d'une traduction rythmée de *L'archipel* de Hölderlin.
Le fleuve caché, première plaquette de vers (Éditions de la Pléiade Schiffrin).

1936. Naissance de sa fille Alix-Laurence.

1939. *Accents,* poèmes (Gallimard).

1941-1944. Collabore aux publications clandestines de la Résistance (*L'honneur des poètes,* Éditions de Minuit. etc.). Se lie d'amitié avec Pierre Seghers. Paul Éluard, Raymond Queneau. Lucien Scheler, Jean Lescure. Max-Pol Fouchet, René Tavernier. André Frénaud. Guillevic, Loÿs Masson. Pierre Emmanuel. etc.

1943. *Le témoin invisible.* poèmes (Gallimard).

1944. *Poèmes,* frontispice de Roger Vieillard (Le Seuil).
Figures (Gallimard). poèmes en prose évoquant de grands artistes et musiciens français. de Poussin à Cézanne. de Rameau à Satie.

1946. Publie dans *L'arbalète* deux courts poèmes dramatiques *Qui est là ?* et *La politesse inutile* (premières de ses recherches d'un style théâtral nouveau).
Les dieux étouffés, poèmes du temps de la Résistance (Seghers).
Le démon de l'irréalité (Ides et calendes. Neuchâtel).

1947. *Il était une fois, deux fois, trois fois...*, illustré par Élie Lascaux (Gallimard).
Jours pétrifiés, poèmes illustrés par Roger Vieillard (Gallimard).

1948. *Jours pétrifiés* (coll. blanche. Gallimard).

1949. Premières représentations de ses recherches théâtrales qui lui vaudront d'être annexé au mouvement dit du « Théâtre de l'Absurde » : *Qui est là ?* à Anvers. mis en scène par le peintre René Guiette : *Un mot pour un autre*, à Paris. chez Agnès Capri.
À partir de ce moment. son théâtre ne cessera d'être joué. en France comme à l'étranger.

1951. *Monsieur Monsieur*. poèmes humoristiques (Gallimard).
Un mot pour un autre. proses burlesques (Gallimard).

1952. *La première personne du singulier*, proses fantastiques (Gallimard).

1954. *Une voix sans personne*. poèmes (Gallimard).

1955. *Théâtre de chambre I* (Gallimard).

1958. *L'espace et la flûte*. poèmes sur des dessins de Picasso (Gallimard).

1960. *De la peinture abstraite*. proses poétiques inspirées par la peinture moderne (Mermod. Lausanne). Désormais. à l'occasion d'expositions ou pour des revues et des éditions d'art, il écrira de nombreux textes et poèmes sur l'œuvre de divers artistes contemporains (Alechinsky. Bazaine. Pol Bury. Dubuis. Max Ernst. Giacometti. Hartung. Max Papart. de Staël. Szenes. Vieira Da Silva. Villon. Wols.
Théâtre II : Poèmes à jouer (Gallimard).

1961. *Histoires obscures*. poèmes (Gallimard).
Choix de poèmes 1924-1954 (Gallimard).

1962. *Hollande*. textes pour des aquarelles de Jean Bazaine (Maeght).

1966. *Conversation-sinfonietta*. orchestration typographique par Massin (Gallimard).

1967. *Pages d'écriture*. proses (Gallimard).

1968. *Le fleuve caché*, choix de poèmes (collection « Poésie/ Gallimard »).

1969. *Les portes de toile*, recueil regroupant ses principaux textes sur la peinture (Gallimard).

1972. *La part de l'ombre*, choix de proses (collection « Poésie/ Gallimard »).

1973. *Déserts plissés*, poèmes sur vingt-quatre « Frottages » de Max Ernst (Bölliger, Zurich).

C'est à dire, poème, avec huit aquarelles originales de Fernand Dubuis (Richar).

Le parquet se soulève, poèmes sur des lithographies originales de Max Ernst (Robert Altmann).

1974. *Un monde ignoré*, poèmes sur des photographies de Hans Hartung (Skira).

Obscurité du jour (collection « Les sentiers de la création ». Skira).

1975. *Théâtre III : Une soirée en Provence* (Gallimard).

1976. *Formeries*, poèmes (Gallimard).

1977. *L'ombre la branche*, avec quinze lithographies en couleurs de Jean Bazaine (Maeght).

1978. *Le professeur Fræppel*, rassemblant diverses œuvres humoristiques dont *Un mot pour un autre* (Gallimard).

1979. *Comme ceci comme cela*, poèmes (Gallimard).

1983. *Les tours de Trébizonde*, proses poétiques (Gallimard).

1984. *Théâtre IV : La cité sans sommeil et autres pièces* (Gallimard).

Des idées et des ombres, illustrations de Pol Bury (éd. RLD).

1986. *Margeries*, poèmes 1910-1985 (Gallimard).

Poèmes à voir, illustrations de Pierre Alechinsky (éd. RLD).

L'accent grave et l'accent aigu (collection Poésie/Gallimard).

1987. *La comédie du langage*, suivi de *La triple mort du client* (Folio Gallimard).

Les figures du mouvement, avec des dessins de Hans Hartung (éd. Cervis).

Un lot de joyeuses affiches, illustrations de Max Papart (éd. RLD).

Poèmes à voir, avec des eaux-fortes d'Alechinsky (éd. RLD).

1988. *Causeries devant la fenêtre*, entretiens avec Jean-Pierre Vallotton (éd. Pingoud, Lausanne).

1990. *La comédie de la comédie* (Folio Gallimard).

Poèmes à voir, en fac-similé autographique et typographique (Gallimard).

243

On vient chercher Monsieur Jean (Gallimard).

1991. *Je m'amuse en rimant : Il était une fois, deux fois, trois fois,* illustrations de Joëlle Boucher (Folio cadet Gallimard).

1992. *Je m'amuse en rimant II : Au chiffre des grands hommes,* illustrations de Joëlle Boucher (Folio cadet Gallimard).
Carta Canta, avec des eaux-fortes d'Alechinsky (éd. Dutrou).

1993. *Le miroir ébloui,* poèmes traduits des arts, 1927-1992 (Gallimard).
La comédie du drame (Folio Gallimard).
Présentation et transposition de l'*Élégie de Marienbad* et autres poèmes de Goethe, édition bilingue illustrée de dessins de Goethe (Poésie/Gallimard).

1995. Meurt à Créteil le 27 janvier.
Da capo (Gallimard).

1997. *Lettre de Hanoï.*

2000. *Un mot pour un autre - Finissez vos phrases! - Les mots inutiles* (Folio junior théâtre, n° 1046). Petit carnet de mise en scène de Denis Podalydès.

2002. *Ce que parler veut dire - De quoi s'agit-il? - Le Meuble - Le Guichet* (Folio junior théâtre, n° 1191). Petit carnet de mise en scène par Laure Caille-Bonnet.

2003. *Lettres croisées (1923-1958),* correspondance avec Roger Martin du Gard (Gallimard).
L'amateur de théâtre (Gallimard).
Œuvres (Gallimard, Quarto).

2004. *Les amants du métro* (Folio junior théâtre, n° 1316). Petit carnet de mise en scène par Éliza Maillot.

De nombreuses œuvres de Jean Tardieu sont traduites en langues étrangères, notamment en allemand, américain, anglais, catalan, chinois, danois, espagnol, grec, hollandais, italien, japonais, russe, tchèque, turc…

Principaux ouvrages le concernant : Émilie Noulet : *Jean Tardieu* (Seghers, collection « Poètes d'aujourd'hui », 1re éd. 1964 ; 2e éd. 1978). Edmond Kinds : *Jean Tardieu ou l'énigme d'exister* (Éditions de l'Université de Bruxelles, 1973). Paul Vernois : *La dramaturgie poétique de Jean Tardieu* (Klincksieck, 1981). Jean Onimus : *Jean Tardieu : un rire inquiet* (Éditions Champ Vallon, 1985). Jean-Yves Debreuille : *Lire Tardieu* (Presses Universitaires de Lyon, 1989). *Jean Tardieu* (Cahiers de l'Herne, 1991).

Jean Tardieu a reçu le grand prix de Poésie de l'Académie française en 1972, le grand prix de Théâtre de la Société des auteurs et compositeurs dramatiques en 1979, le grand prix de Poésie de la Ville de Paris en 1981, deux grands prix de la Société des gens de Lettres : pour son œuvre radiophonique en 1983 et pour l'ensemble de son œuvre en 1986, le prix Voltaire en 1991.

JOURS PÉTRIFIÉS

MONSIEUR MONSIEUR

UNE VOIX SANS PERSONNE

HISTOIRES OBSCURES

DU MÊME AUTEUR

Dans la même collection

LA PART DE L'OMBRE, suivi de LA PREMIÈRE PERSONNE DU SINGULIER et de RETOUR SANS FIN, proses 1937-1967. *Préface d'Yvon Belaval.*
L'ACCENT GRAVE ET L'ACCENT AIGU. POÈMES 1976-1983. *Préface de Gérard Macé.*

Ce volume,
le trente-deuxième de la collection Poésie,
a été achevé d'imprimer sur les presses
de l'imprimerie Bussière à Saint-Amand (Cher),
le 6 juin 2008.
Dépôt légal : juin 2008.
1er dépôt légal dans la collection : mars 1968.
Numéro d'imprimeur : 081887/1.
ISBN 978-2-07-030268-0./Imprimé en France.

160344